Asuntos de la Ingeniería de Software

Volumen 2

Casos de Uso y otros elementos subyacentes
de la Ingeniería de Software

Luis Antonio Salazar Caraballo

Ingeniería e Informática

Gazafatonario IT

http://www.gazafatonarioit.com

Dirección General: Luis Miguel Salazar de la Hoz
Dirección de Contenidos: Nancy Caraballo
Diseño de cubierta: Pamela Denisse Salazar Vega

Primera edición en español
© Gazafatonario IT, 2013
Una marca de Luis Antonio Salazar Caraballo

Para:

Luis Miguel y Nancy del Rosario
Que me mostraron el camino correcto y me llevaron de la mano durante gran parte del trayecto

Y para:

Ángela y Pamela
Que me acompañan en el resto de la travesía y me enseñaron el verdadero significado del amor.

Tabla de Contenido

Prefacio..1

Parte 1 – Algunos Aspectos Esenciales de la Ingeniería de Software..7

1.   Prolegómenos Sobre el Lenguaje de Modelado Unificado (UML)...9

Resumen 9

Palabras Clave 9

Generalidades...10

El Lenguaje 11

Los Diagramas de UML 15

Diagramas de Casos de Uso 16

Diagramas de Secuencia 18

Diagramas de Comunicación 19

Diagramas de Clases..20

Diagramas de Estados 24

Diagramas de Actividad..25

Diagramas de Componentes.................................27

Diagramas de Despliegue 28

Paquetes, Subsistemas y Modelos 29

Otros Conceptos Básicos 30

Lo Que NO ES UML 32

Mitos Sobre UML 32

Conclusiones y Recomendaciones 34

Referencias..34

2.   De Procesos y de Humanos 37

La Primera Ley del Proceso de Software..............42

La Segunda Ley del Proceso de Software............42

La Tercera Ley del Proceso de Software 43

Referencias 44

3. *El Proceso Unificado* **o Todo lo que quisiste saber alguna vez de UP y no te atreviste a preguntar........45**

Framework, Proceso y Metodología 45

Comentario del Autor 47

Raíces 48

Metas de las Fases 49

Metas de las Disciplinas 51

Variaciones del Proceso Unificado 56

Referencias 57

4. **UP: Fase de Concepción 59**

UP es Dirigido por Casos de Uso y es Centrado en la Arquitectura 59

Roles y Responsabilidades Durante Concepción.............62

El Ingeniero de Procesos...63

El Analista de Procesos del Negocio 65

El Gerente del Proyecto 66

Referencias 68

5. **UP: Fase de Concepción, Parte 2 ....69**

El Analista de Requisitos 70

De Artefactos y Otros Menesteres Durante la Concepción 73

Sobre la Arquitectura Preliminar................................76

En el Final..77

Referencias 78

6. **Orientación a Objetos: Un Enfoque Teórico Moderno (Actualizado) 79**

Introducción 79

Biología Informática...81

Conceptos Fundamentales..............................83

¿De dónde surgen los objetos? 96

El Siguiente Paso en la Evolución 97

Conclusión 101

Referencias 101

Parte 2 – Ingeniería de Requisitos con Casos de Uso: Volumen 1 105

7.   Casos de Uso: De Vuelta a lo Fundamental .107

Introducción 107

Escenarios 109

Caso de Uso Esencial 110

Caso de Uso Descompuesto Funcionalmente..............111

Ejemplo: el caso de uso "Hola Mundo" 112

8.   Casos de Uso: Origen, Especificación y Evolución 113

Introducción 113

Caso de Uso y Actor del Negocio................114

Características de un Caso de Uso Típico 115

El Actor 116

Ejemplo, Ejemplo, Ejemplo. 117

9.   Casos de Uso: Del Todo y de Sus Partes 121

La Descripción Breve 122

Las Precondiciones......................................123

La Secuencia Básica 126

Las Secuencias Alternativas 127

Las Poscondiciones 128

Los Requisitos Especiales............................129

Conclusión 130

Referencias 130

10.   Casos de Uso: ¿Cuándo Están Terminados?... ¿Y qué hacer con ellos a continuación? 131

Ley de la Terminación de un Caso de Uso 133

¿Y qué hacer con los casos de uso cuando están terminados? 143

11.   Realización de Casos de Uso: De los Objetos y sus Interacciones 145

Presentación 145

Sobre el Lenguaje de Modelado Unificado 147

El Caso de Estudio (o sea, el Ejemplo) 148

Interacciones 151

Diagramas de Secuencia, Paso a Paso 152

De Estereotipos y Otros Menesteres 159

Comentarios Finales 160

Referencias 162

12.   Casos de Uso: de Extensiones y de Inclusiones 163

Introducción 163

Generalización de Actores 164

Relaciones Entre Actores y Casos de Uso 167

Relaciones Entre Casos de Uso 168

Relación de Inclusión 169

Relación de Extensión 174

Generalización Entre Casos de Uso 182

Conclusiones 186

¿Quiere Saber Más? 187

Referencias 188

13.   Los Casos de Abuso o De Cómo Usar Correctamente los Casos de Uso Correctos y Sobrevivir en el Intento 191

Introducción 193

Caso de Abuso 1: El caso de uso se usa en todos los casos.
....195

Caso de Abuso 2: Lo que no está documentado en los
casos de uso no hace parte del proyecto. 195

Caso de Abuso 3: El caso de uso es la única
documentación necesaria para construir el software......196

Caso de Abuso 4: Lo que no está documentado en los
casos de uso no hace parte del proyecto. 198

Caso de Abuso 5: El caso de uso se identifica, elabora,
diseña, implementa y prueba en la misma iteración. 199

Caso de Abuso 6: El caso de uso contiene detalles de
formularios (pantallas) y otros aspectos técnicos (bases de
datos, componentes, etc.) 200

Caso de Abuso 7: Un escenario y un caso de uso es lo
mismo 202

Caso de Abuso 8: La realización o diseño de un caso de
uso siempre se hace...204

Caso de Abuso 9: Precondiciones vs. Validaciones y
Poscondiciones vs. Resultados......................................206

Caso de Abuso 10: Todos los requisitos funcionales se
documentan en casos de uso 209

Caso de Abuso 11: Los flujos de eventos en los casos de
uso son escritos en pseudocódigo.................................209

Caso de Abuso 12: Cada caso de uso se diseña e
implementa de manera independiente............................211

Caso de Abuso 13: Todos los casos de uso se identifican y
especifican durante la fase de inicio del proyecto. 213

Caso de Abuso 14: El caso de uso solo se presenta cuando
está completamente terminado y aprobado....................215

Caso de Abuso 15: El caso de uso tiene más de un actor
"activo" 216

Caso de Abuso 16: El Ingeniero de Requisitos es un psíquico...216

Desenlace: Los casos de abuso o de cómo hacer un mal uso de los casos de uso...218

Resumen de los Casos de Abuso 218

Para No Cometer Más Abusos 219

(Aclaración)...221

Conclusiones..221

Referencias...222

14. Diez Consejos Útiles y Simples Para Escribir Efectivamente Casos de Uso Efectivos...................225

Presentación...226

Consejo 1 227

Consejo 2 229

Consejo 3 232

Consejo 4 233

Consejo 5 235

Consejo 6 236

Consejo 7 237

Consejo 8 238

Consejo 9 238

Consejo 10 239

Consejo Adicional: ¿Cómo luce un caso de uso inefectivo? 242

¿Y cómo luce un caso de uso efectivo? 243

Conclusiones y Recomendaciones 245

Apéndice A IGML – Perfil de UML para Aplicaciones Web   247

IGML: Perfil de UML para Aplicaciones Web 249

I. INTRODUCCIÓN...249

Presentación...249

Motivación..250

Beneficios de un Perfil UML para Aplicaciones Web en Intergrupo..251

Trabajos Relacionados.................................252

II.   El Meta-Modelo 254

Metamodelo de las aplicaciones Web..............254

Estereotipos 255

III.   Conclusiones y trabajo futuro 267

Referencias...268

Luis Antonio Salazar Caraballo 271

Prefacio

Este no es el primer libro sobre temas de la Ingeniería de Software y está lejos de ser el último; acaso sea el primero en español escrito sobre las bases de nuestra propia práctica de campo, en nuestra propia economía, con nuestra propia idiosincrasia, aunque con el suficiente equipaje teórico proveniente de la academia y de los expertos en los temas citados.

Escribí el libro originalmente como una serie de artículos en mi Gazafatonario IT y cada artículo siempre tuvo su fuente precisamente en tres aspectos primordiales: la industria del software (y por Industria quiero decir Intergrupo), la academia (léase la Universidad) y los especialistas en distintas áreas de la ingeniería de software.

El libro cubre algunos de los temas fundamentales que sirven de base al trabajo diario de los profesionales del software y que son de vital importancia para los desarrolladores actuales: el lenguaje de modelado unificado o UML, los procesos de software, la orientación a objetos y la ingeniería de requisitos con casos de uso, principalmente.

Los conceptos de ingeniería provienen necesariamente de la teoría formal de los lenguajes de modelado de sistemas, las técnicas orientadas a objetos de modelado de software, los métodos de construcción de software y la identificación, especificación y administración de requisitos de software con casos de uso, entre algunos otros. Desarrollé esos conceptos a través de cada capítulo en un estilo riguroso pero informal, más bien práctico, siempre pensando en poner de manifiesto lo que me ha funcionado a mí y a mis colegas, principalmente de Intergrupo, pero también de otras compañías del medio.

El libro está dividido en dos secciones mayores. La primera parte del libro la dedico a explicar algunos de los asuntos que acusan recibo en la comunidad de ingenieros de software: UML, la notación estándar para modelar sistemas de software y otros sistemas que no son software; En lo que se constituye como los prolegómenos del libro, de manera sucinta describo la gran mayoría de los diagramas del lenguaje, con ejemplos breves pero suficientemente explicativos y desmitifico algunas de las creencias sobre la herramienta.

En el capítulo 2, hago una presentación general de los procesos de software y de cómo estos son usados por los practicantes de la industria, es decir, nosotros. Aquí empiezo a develar las prácticas más recurrentes para adoptar y adaptar procesos de software en una organización, tal y como lo hicimos en Intergrupo en una serie de incrementos que llevaron a convertirnos en una compañía CMMI nivel 5.

En los capítulos 3, 4 y 5 del libro, hago una vasta exposición del Proceso Unificado de Software, desde su marco general en el capítulo 3, hasta los detalles de la fase de Inicio o Concepción en los capítulos 4 y 5. En el primero de los apartados presento los conceptos inherentes al proceso y sus características: las fases y las disciplinas, las iteraciones, los roles y responsabilidades, las actividades y los artefactos. En los dos capítulos restantes, ya con miras a la segunda parte del libro, hablo profusamente de la etapa de inicio del proceso, sus principales hitos y el resultado esperado. Es aquí donde comienzo a hablar de la disciplina de ingeniería de requisitos y de casos de uso, asuntos que ocupan toda la segunda sección del libro.

Luego, en el capítulo 6, concluyo este primer segmento del libro con un tema que verdaderamente me apasiona, la orientación a objetos. Tardé muchos años en encontrar el enfoque justo para esta pieza, teórico-práctico, pero actualizado a las necesidades incesantes de los desarrolladores profesionales de este siglo 21. El capítulo contiene una serie extensa de conceptos aplicables al análisis, diseño y desarrollo de sistemas de software, incluso me atrevo a hacer una analogía en lo que he dado en llamar la Biología Informática, para que todos entendamos mejor y de una vez por todas y para siempre lo que **es** una clase (objetualmente hablando) y su enorme utilidad durante el ciclo de vida de construcción de software. Sobre objetos, siempre recuerdo lo que decía Edward Yourdon sobre ello: "las metodologías de la ingeniería de software orientada a objetos son la cosa más grande desde el pan tajado. En términos relacionados con computación, las técnicas orientadas a objetos son el desarrollo más importante desde la invención de las técnicas estructuradas durante las décadas de 1970 y 1980."[1] Hoy lo siguen siendo.

La segunda parte está dedicada completamente al asunto de los casos de uso como mecanismo de primera categoría para identificar, capturar, organizar, documentar y gestionar requisitos de sistemas de software. En el capítulo 7 hago una presentación concisa del tema, defino qué es un caso de uso y además establezco las diferencias sutiles que existen con los escenarios de uso de un sistema; también explico de qué se tratan los así llamados casos de uso esenciales como noción capital en la especificación de requisitos y también los distingo de los casos de uso descompuestos funcionalmente. El capítulo finaliza con el ejemplo de caso de uso más simple de todo, el caso de uso "¡Hola, Mundo!".

En el capítulo 8 abordo el tema de los casos de uso del negocio y sus actores del negocio relacionados. También hablo de la fuente de los casos de uso, de donde provienen y hacia donde van a lo largo del ciclo de vida del software, para

---

[1] Yourdon, Edward. Object-Oriented System Design, an integrated approach. Prentice Hall. 1994.

terminar con un ejemplo del cual luego hago un análisis exhaustivo.

En el capítulo 9 hago una descomposición de la estructura de un caso de uso y exhibo cada una de sus partes principales: la descripción breve, las precondiciones y poscondiciones del caso de uso, la secuencia básica y las alternativas y los requisitos especiales. Ya en los capítulos previos había tratado el tema del nombre y el actor del caso de uso.

Más adelante, en el capítulo 10, bajo el manto de un ejemplo representativo, enuncio mi Ley de la Terminación de un Caso de Uso, que me sirve para explicar uno por uno los puntos de una lista de verificación para saber si un caso de uso cuenta con los atributos mínimos requeridos para ser considerado un buen caso de uso. Las listas de verificación deben verse como instrumentos o herramientas de apoyo en el proceso de administración de la calidad de los productos que construimos, nunca como un documento que se debe "diligenciar". También sirven para disminuir el nivel de subjetividad con que se revisa un producto de software o parte de este, o un artefacto relacionado con el software. Al menos, este es el mensaje que llevo implícito en esta sección del libro.

El capítulo 10 sirve como entrada al tema que abordo en el capítulo 11, este del análisis y diseño de los casos de uso, mejor conocido en el ámbito de los diseñadores de software como realización de casos de uso. Aquí evidencio la necesidad de contar con el conocimiento de conceptos tan importantes como las técnicas orientadas a objeto, que trato al final de la primera parte del libro, y donde hago un uso extenso del lenguaje de modelado unificado que trato en detalle en los prolegómenos del libro (capítulo 1). En este capítulo empiezo con una disertación sobre los problemas de comunicación existentes entre los miembros de un equipo de desarrollo de software y que son inherentes a la naturaleza humana. A continuación, con un ejemplo característico y práctico, hago una exposición detallada de los diagramas de interacción de UML, en general, y de los diagramas de secuencia, en particular, que sirven como mecanismos fundamentales para llevar a cabo estas realizaciones de casos de uso.

En el capítulo 12 cierro uno de los ciclos del libro sobre modelado de casos de uso y presento el no menos espinoso asunto de las relaciones entre actores y casos de uso y entre casos de uso. La generalización entre actores, una práctica poco usada entre los analistas de software, o muchas veces mal usadas, inicia este apartado. Luego continúo con la típica relación de inclusión de casos de uso, donde hablo de factorización de requisitos y de reusabilidad de requisitos; más adelante hago una disertación sobre la relación de extensión y sus diferencias principales con la anterior. Al final también hablo de la generalización entre casos de uso, aunque no la recomiendo mucho. Este capítulo aporta el enfoque sistémico de toda la segunda parte del libro y hace énfasis en cuando debemos usar una u otra relación, o todas ellas.

El capítulo 13 entra en el terreno de las buenas prácticas mostrando los errores más comunes que se cometen a la hora de usar casos de uso, algo que he dado en llamar "los casos de abuso", es un juego de palabras pero ilustra a la perfección el punto al que quiero llegar. Enumero y explico una serie de dieciséis casos frecuentes de mal uso de los casos de uso, desde la mala práctica de usarlos en todo momento y en cualquier contexto, pasando por los errores habituales de documentar detalles técnicos o de la interfaz de usuario en el caso de uso, hasta la costumbre perfeccionista de solo presentar el caso de uso cuando está "felizmente" terminado, solo cuando contiene todos los detalles que se han acordado con el usuario. ¿Quién diría que lo perfecto siempre es mejor que lo bueno? Pues bien, aquí sucede exactamente lo contrario: lo acabado, lo ideal, lo absoluto es enemigo acérrimo de lo bueno, de lo que proporciona valor. Es una de las conclusiones que obtendremos al final del capítulo. Incluso muchos de nosotros hemos llegado a pensar que el analista de requisitos y otros miembros del equipo de desarrollo son síquicos y que pueden leer nuestros pensamientos y saber lo que queremos sin habérselos dicho. De todo esto se trata este estudio al que clasifico de patológico y de forense, fueron situaciones que discutí mucho con algunos de mis colegas en Intergrupo.

El último capítulo del libro fue otro de los que siempre quise escribir en mi Gazafatonario: se trata de diez más uno consejos útiles y simples para escribir efectivamente casos de uso efectivos. La aliteración en el título me sirve para abordar dos asuntos importantes: el problema de la comunicación efectiva entre las personas y el problema de la calidad y utilidad de los artefactos de software, en este caso, de los casos de uso. Me parecía razonable, después de la descripción sintomática que hago en el capítulo anterior, sobre los errores más pronunciados que cometemos a la hora de modelar sistemas de software con casos de uso, traerles algunas propuestas para remediar nuestro trabajo, hacerlo más productivo y de mejor calidad. De eso se tratan estos consejos.

Parte 1 – Algunos Aspectos Esenciales de la Ingeniería de Software

1. Prolegómenos Sobre el Lenguaje de Modelado Unificado (UML)

Prolegómeno.
(Del gr. προλεγόμενα, preámbulos).
1. m. Tratado que se pone al principio de una obra o escrito, para establecer los fundamentos generales de la materia que se ha de tratar después. U. m. en pl.[1]

Resumen

El Lenguaje de Modelado Unificado o UML es una notación estándar con carácter universal utilizado para escribir modelos de sistemas, sobre todo de sistemas de software, que utiliza una serie de diagramas y una semántica bien definida con el propósito de elaborar los artefactos de un sistema a través de las distintas etapas de su ciclo de vida, especialmente durante el análisis y el diseño del mismo.

En este primer capítulo, con formato de "generalidades" sobre UML, les hablo de algunas características mayores del lenguaje, lo mismo que de los varios de los modelos que utiliza (Casos de Uso, Secuencia, Comunicación, Clases entre otros) y de algunos mitos que se han extendido junto con el uso del lenguaje.

Palabras Clave

UML	Lenguaje
Modelo de Sistemas	Análisis y Diseño
Artefacto de Software	Caso de Uso

Actor	Diagrama de Secuencia
Comunicación	Clase
Paquete	Máquina de Estados
Componentes	Subsistema
Asociación	Agregación
Generalización	UML 2.0

Generalidades

UML (*Unified Modeling Language*) es un lenguaje para expresar distintos modelos de software durante las fases de Análisis y Diseño de un sistema.

Textualmente:

El Lenguaje de Modelado Unificado (UML) es un lenguaje para especificar, visualizar, construir y documentar los artefactos de sistemas de software, así como también para hacer modelamiento de negocio y de otros sistemas que no son software.[2]

En este contexto, Especificar significa enumerar y construir modelos que son precisos, no ambiguos y completos. UML conduce la especificación de todas las decisiones importantes de análisis, diseño e implementación. Por ejemplo, el Arquitecto del software es quien decide si la conexión desde una página Web a una base de datos se hará a través de ODBC, JDBC o ADO.Net; o que el sistema usará *recordsets* (cursores) desconectados de la base de datos. Para ello, puede usar Diagramas de Actividad de UML, o Diagramas de Estado para documentar y transferir esas decisiones al programador de la aplicación.

Mientras tanto, Construir quiere decir que los modelos que se construyen con UML están relacionados con los lenguajes de programación orientada a objetos.

UML se usa para hacer Ingeniería Hacía Adelante, esto es, un mapeo directo de un modelo UML con código fuente. UML también se usa para hacer Ingeniería en Reversa, o sea, una reconstrucción de un modelo UML desde una implementación específica, normalmente en un lenguaje OO. Por supuesto estas actividades requieren de herramientas y de intervención humana, del desarrollador, para evitar pérdida de información. En mi última revisión [4] encontré varias docenas de estas herramientas, desde las que solo permiten "dibujar" y son gratis, hasta las que permiten "ejecutar" los modelos, transformar un diagrama en otro, aplicar patrones de diseño de software y generar código en los más populares lenguajes de programación del momento.

UML además se usa para Documentar la arquitectura de los sistemas, los requisitos, las pruebas y actividades como planeación del proyecto y manejo de la entrega del producto.

Aquí me siento con el deber de anunciarles que Modelar no es lo mismo que Documentar. Sin embargo, aunque los conceptos de "modelo" y "documento" son ortogonales, esto es, es posible tener modelos que no son documentos y documentos que no son modelos, también es posible que si el esfuerzo dedicado a modelar es el suficiente, y si de casualidad se da la fortuna de tener una buena herramienta de modelado, una parte de los modelos se puede convertir en documentos valiosos para todo el equipo de desarrollo de un sistema.

El Lenguaje

Como cualquier lenguaje, UML tiene una sintaxis y una semántica. La sintaxis de UML está compuesta por un conjunto de construcciones gráficas útiles para especificar diagramas y modelos de sistemas. Algunos de estos símbolos son, de izquierda a derecha en la figura 1: Actor, Caso de

Uso, Clase, Paquete y el inferior es una Relación de Generalización.

Cada uno de estos símbolos tiene un significado de manera independiente, como lo tienen las palabras reservadas Begin, End y While en Pascal o los términos private, void y string en C# (léase C Sharp).

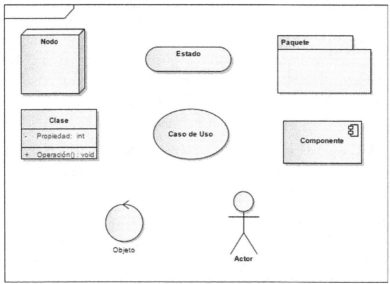

Figura 1: Símbolos comunes en UML

Pero los símbolos por sí solos no dicen mucho, aunque algunos tienen identidad propia como el de Actor que representa un grupo de usuarios o el de Caso de Uso que representa una funcionalidad del sistema, normalmente interactiva. (De la misma forma en que Begin, End y While no dicen gran cosa, ni separadas, ni dispuestas secuencialmente en cualquier orden posible.)

Es la semántica de UML, como la semántica de cualquier otro lenguaje, la que nos dice por ejemplo que un Actor solo se puede "comunicar" con el sistema a través de los casos de uso mediante una relación de Asociación, o que un Paquete puede estar compuesto de Clases, Casos de Uso, Componentes u otros Paquetes y que, finalmente, existen distintos tipos de diagramas, a manera de modelos, que pueden ser construidos a partir de uno o más símbolos de UML.

Siguiendo con nuestra parodia de los lenguajes de programación, la semántica de C# nos dice que una instrucción válida tiene la sintaxis:

while <Expresión-Lógica> { <Secuencia> }

Donde <Expresión-Lógica> y <Secuencia> son elementos gramaticales compuestos del lenguaje cuyo significado está fuera del alcance de estos prolegómenos y no tiene sentido detallar aquí. De esta forma,

$$while\ (i <= 10)$$
$$\{$$
$$i = i + 1;$$
$$\}$$

es una secuencia aceptada por el compilador de C#.

Desde este punto de vista, una "instrucción válida" en UML es la que muestro en la figura 2.

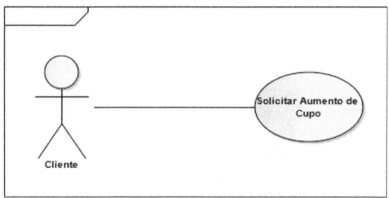

Figura 2: Una "instrucción" válida UML

En esta figura, la línea que comunica al Actor con el Caso de Uso es un símbolo UML y significa una relación de Asociación entre el uno y el otro. Esta línea tiene un valor semántico en esta "instrucción" y es el de señalar que el Actor inicia e interactúa con el proceso determinado por el Caso de Uso.

Sin embargo, a diferencia de un lenguaje de programación convencional, UML no produce instrucciones ejecutables (realmente ya existen compiladores de modelos UML ejecutables tal como existen compiladores de Pascal o C# que son capaces de traducir los modelos UML en instrucciones ejecutables [3], pero ese no es el objeto de este libro). UML se usa más bien para expresar, para dibujar modelos, para plasmar o traducir las ideas alrededor de una solución de software específica para que esta sea entendible por todo el equipo de desarrollo y, en parte, por los usuarios finales del sistema en desarrollo. De hecho UML sirve para documentar la solución, incluyendo las decisiones que se vayan tomando a lo largo del ciclo de vida del proyecto. En particular, UML se usa para elaborar modelos que nos permitan entender mejor el sistema en construcción.

A continuación haré una breve revisión de los diagramas que podemos construir con esos elementos sintácticos y semánticos.

Los Diagramas de UML

Con UML podemos trazar catorce modelos clásicos. Es tiempo de recordar aquí que un Modelo es una abstracción de la realidad, para lo que me ocupa, un esbozo de un sistema que, a su vez, es un conjunto de elementos interrelacionados entre sí que buscan un fin común. Los modelos que podemos dibujar con UML son precisamente abstracciones de los elementos reales que componen un sistema de software: clases, atributos, subsistemas, interfaz humana y procesos, entre muchos otros.

Hay dos grandes tipos de diagramas en UML:

- Diagramas de estructura
- Diagramas de comportamiento

Los diagramas de estructura son:

1. Diagrama de clases
2. Diagrama de componentes
3. Diagrama de estructura compuesta
4. Diagrama de despliegue
5. Diagrama de objetos
6. Diagrama de paquetes
7. Diagrama de perfiles

Entre tanto, los diagramas de comportamiento son:

8. Diagramas de actividad
9. Diagrama de estados
10. Diagrama de casos de uso
11. Diagrama de comunicación
12. Diagrama de revisión de interacciones
13. Diagrama de temporalidad
14. Diagrama de secuencia

Concentraremos la atención en los primeros nueve diagramas que existieron.

Diagramas de Casos de Uso

Este modelo representa un proceso, o un conjunto de procesos, del sistema, incluyendo quién o qué lo ejecuta o inicia.

El diagrama de casos de uso está compuesto por Actores y Casos de Uso y las relaciones entre ellos. Un Actor representa un grupo de usuarios (que tienen el mismo papel para el sistema), un sistema de software externo, con el que el sistema en construcción se comunica (en una o en ambas vías) o un sistema de hardware con el que también existe esa comunicación. Un Caso de Uso, por su parte, es un conjunto de secuencias de tareas o actividades, a manera de proceso, que el sistema ejecuta en un momento dado del tiempo.

Existen relaciones entre un Actor y un Caso de Uso y entre un Caso de Uso y otro. En el primer caso, el modelo señala que un Actor inicia un caso de uso determinado por la relación de Asociación como señalé en la figura 2. Esta es la única relación existente entre un Actor y el Sistema.

En el segundo caso, existen tres tipos de relaciones entre los casos de uso: Inclusión, Extensión y Generalización.

En la parte superior de la figura 3, el caso de uso Registrar Cliente «incluye» a Verificar Estado Financiero, es decir, en algún punto de la secuencia de actividades especificada en Registrar Cliente, se activa la secuencia de tareas, el proceso, establecido en Verificar Estado Financiero; una vez terminada esta segunda secuencia, el flujo del proceso regresa a Registrar Cliente. En particular, esta relación especifica cómo el comportamiento definido por el caso de uso incluido (Verificar Estado Financiero) es explícitamente insertado en el comportamiento definido por el caso de uso base (Registrar Cliente).

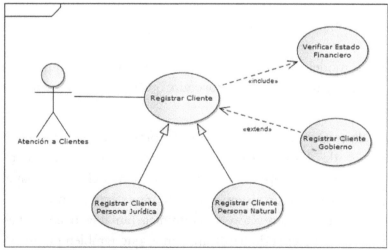

Figura 3: Relaciones entre casos de uso

En la parte central del diagrama, Registrar Cliente Gobierno «extiende» a Registrar Cliente, o sea, especifica cómo el comportamiento definido por el caso de uso de extensión (Registrar Cliente Gobierno) puede ser insertado en el comportamiento definido por el caso de uso extendido (Registrar Cliente). Está implícitamente insertado en el sentido de que la extensión no es mostrada en el caso de uso extendido.

En la parte inferior del diagrama, Registrar Cliente «generaliza» a Registrar Cliente persona Jurídica y a Registrar Cliente Persona Natural, lo cual significa que los casos de uso hijos (Registrar Cliente persona Jurídica y a Registrar Cliente Persona Natural) especializan todo el comportamiento y las características descritas por el padre (Registrar Cliente). Les recuerdo que una generalización es una relación taxonómica entre un elemento más general y un elemento más específico.

Toda la segunda parte de este libro está dedicada exclusivamente al tema de los casos de uso, iniciando en el capítulo 7: Casos de Uso: De Vuelta a lo Fundamental.

Diagramas de Secuencia

El diagrama de Secuencia es uno de los que conforman el grupo de Diagramas de Interacción porque muestra precisamente la interactividad entre distintos componentes del sistema, normalmente un Actor, a través de una Interfaz, y un conjunto de objetos y/o de clases.

Este modelo muestra una secuencia de mensajes, con sus operaciones, que pasan de un objeto a otro y que parten desde un Actor específico. En este diagrama, el objeto SolicitarAumentoCupo con el que se comunica el actor Cliente es normalmente una interfaz, en este caso, una interfaz gráfica de usuario, mediante la cual el usuario interactúa con el software.

Los mensajes que pasan entre uno y otro objeto se componen de una o más operaciones que a su vez pueden o no llevar parámetros. También es posible establecer mensajes de retorno y mensajes que se ejecutan en el mismo objeto. Las líneas verticales que bajan desde cada objeto se llaman Líneas de Vida de los objetos e indican el tiempo y espacio de vida de cada instancia en el proceso que se describe mediante el diagrama de secuencia.

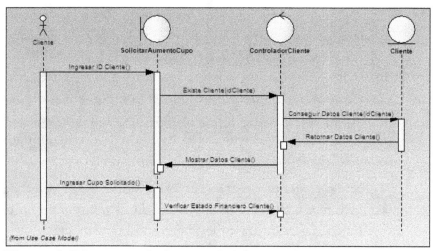

Figura 4: Diagrama de Secuencia Típico (Parcial)

En resumen, un diagrama de secuencia es una vista externa de un proceso, los elementos que intervienen en ese proceso y las relaciones entre estos elementos (Actores, Objetos, Clases).

Para saber más de diagramas de secuencia pueden leer el capítulo 11 de este libro: Realización de Casos de Uso: De los Objetos y sus Interacciones.

Diagramas de Comunicación

Semánticamente hablando el diagrama de Comunicación tiene el mismo significado que el de Secuencia. Ambos muestran la interacción entre los objetos del sistema. Sin embargo, la relación en este modelo es espacial, mientras que en el diagrama de Secuencia es temporal.

Este diagrama muestra la interacción que existe entre los objetos, o sea, muestra el Acoplamiento, esta es la medida de afinidad con la que dos componentes se relacionan.

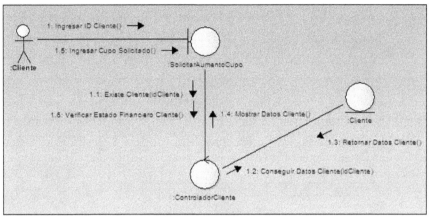

Figura 5: Diagrama de Colaboración clásico

Diagramas de Clases

Un diagrama de clases muestra las clases del sistema y las relaciones entre ellas. Un diagrama así muestra la estructura estática del modelo, pero no revela ninguna información relacionada con lo que sucede a través del tiempo cuando el modelo se ejecuta.

En resumen, una clase es una descripción de un conjunto de objetos que comparten las mismas especificaciones de atributos, operaciones, relaciones, restricciones y semántica. En particular, una clase posee atributos, características o propiedades (datos) y expone un determinado comportamiento o métodos (programas). Pero esta no es una lección de Programación Orientada a Objetos, ese será el tema del capítulo 6.

Lo que nos interesa aquí es que en UML una clase se representa mediante un rectángulo dividido en tres partes, como lo ilustra la figura 6. La primera sección de la clase contiene el nombre de la clase (también puede contener su clasificador o su estereotipo, conceptos de los que les hablaré más adelante en este mismo capítulo). La sección siguiente contiene los atributos de la clase, junto con su tipo de dato, longitud, valor inicial y su visibilidad (esta puede ser Privada, Protegida o Pública). Y la sección inferior detalla los métodos de la clase con sus argumentos y su visibilidad. Recordemos además que el conjunto de métodos públicos de una clase conforman el protocolo de la clase, el mecanismo mediante el cual otras clases o elementos del modelo se comunican con ella.

Figura 6: Una Clase Típica

Otro aspecto importante lo constituyen las relaciones entre las clases. Estas relaciones pueden ser: Asociación, Agregación y Generalización.

La **asociación** modela una conexión bidireccional semántica entre instancias. En este contexto, semántica quiere decir que esa comunicación tiene un significado único que está dado por el número cardinal y por el papel que se le asigne a dicha relación. Realmente una asociación representa una relación estructural entre instancias de dos clases distintas; ella constituye una conexión entre objetos de dos o más clases que existen durante algún tiempo. Por ejemplo, en la expresión "Juan Enseña una o más Asignaturas", "Juan" es una instancia de la clase Profesor y "Asignatura" es una instancia de la clase del mismo nombre; entre tanto, "Enseña" es el Rol o Papel que "Juan" juega con el objeto Curso (todas las instancias de Profesor tienen ese papel con los objetos de la clase Asignatura); "uno o más" se refiere a la multiplicidad o cardinal de ese papel "Enseña" entre los objetos de las clases citadas.

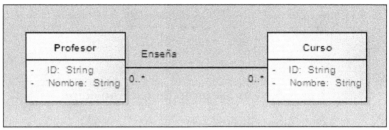

Figura 7: Una Asociación Entre Clases

La **agregación** es una forma especial de asociación que modela una relación todo-parte entre un agregado (el todo) y sus partes. Es usada para modelar una relación de composición (o composicional) entre los elementos de un modelo (por lo que también se conoce como relación de composición, aunque una composición, como tal, tiene un significado distinto como reseñaré más adelante). Una Institución Educativa, por ejemplo, está compuesta de Profesores, Empleados y Auxiliares o Supernumerarios. Para modelar esto, el agregado (la Institución Educativa) tiene una asociación de agregación con sus partes constituyentes (Profesores, Empleados y Auxiliares). Ver figura 8.

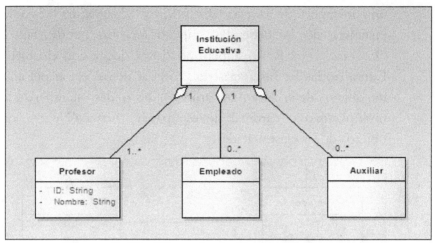

Figura 8: Un Ejemplo de Composición

Por su parte, una composición es una forma de agregación con un sentido de propiedad fuerte y un ciclo de vida coincidente de la parte con el agregado. En este caso, la multiplicidad del extremo agregado no puede exceder de uno, esto es, no puede ser compartida. Por ejemplo, un Automóvil está compuesto de una carrocería, cuatro llantas y un motor, y no es un Automóvil completo si falta alguna de las partes (un auto no arranca si el motor está dañado o no tiene motor del todo, o no tiene carrocería o le falta por lo menos una llanta; recíprocamente, una carrocería no constituye un auto por sí sola, ni las cuatro llantas, ni el motor).

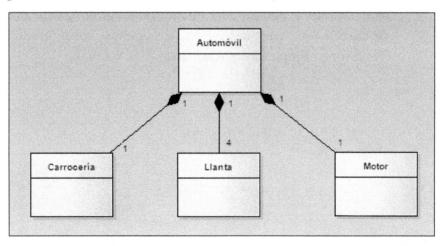

Figura 9: Un Caso Típico de Agregación

La generalización, de otro lado, es una relación taxonómica entre un elemento más general y un elemento más específico. Este último es completamente consistente con el primero, el más general y puede contener información adicional. En programación (orientada a objetos), esta relación se conoce comúnmente como herencia. Esta relación también es usada para Paquetes, Casos de Uso y otros elementos.

Para no entrar en detalles, dibujo en la figura 10 un caso común de generalización con la clase Empleado en donde anoto que un Empleado de una Institución Educativa puede ser un Profesor o un Auxiliar o un Empleado de índole Administrativo.

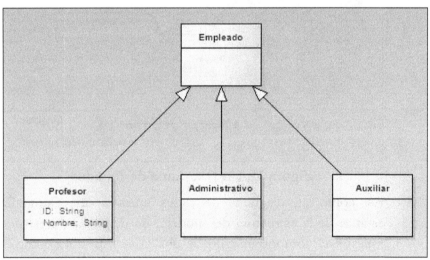

Figura 10: Un Caso de Generalización o Herencia

El capítulo 6 del libro habla de objetos, clases y todo lo relacionado con las técnicas orientadas a objeto: Orientación a Objetos: Un Enfoque Teórico Moderno (Actualizado).

Diagramas de Estados

Un diagrama de estados se usa para describir el comportamiento de las instancias de un elemento del modelo tal como un objeto o una interacción. Específicamente, este diagrama describe las secuencias posibles de estados y acciones a través de las cuales las instancias de los elementos pueden proceder durante su ciclo de vida como resultado de reaccionar a eventos discretos (por ejemplo, señales o invocaciones a operaciones).

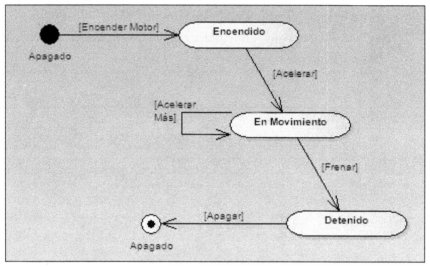

Figura 11: Un Diagrama de Estados

Así como un diagrama de clases muestra una fotografía estática de la estructura del modelo, un diagrama de estados muestra el comportamiento de una clase específica a través del tiempo. En particular, se crea un diagrama de estados para cada clase (instancia) en el modelo que durante su vida útil cambie de un estado a otro como respuesta a una acción o evento en el sistema. No todas las clases requieren de un diagrama de estados.

Sintácticamente, un diagrama de estados es un gráfico que representa una máquina de estados (finitos). El número de estados de una clase debe ser el mínimo posible, con una tendencia a cero. En un diagrama de estados, puede haber Súper-Estados que contienen otros estados. El de la figura 11 es un diagrama de estados típico.

Diagramas de Actividad

Un diagrama de actividad es una variación de una máquina de estados en la que el estado representa la ejecución de acciones o sub-actividades y las transiciones son disparadas al completar acciones o sub-actividades.

En otras palabras, un diagrama de actividad es una vista interna de un proceso, establece cuando inicia, como se ejecuta (las acciones) y cuando termina. También es posible determinar mediante este diagrama que acciones ocurren en paralelo o que secuencia de actividades (sub) seguir luego de determinar el valor de una condición (lógica).

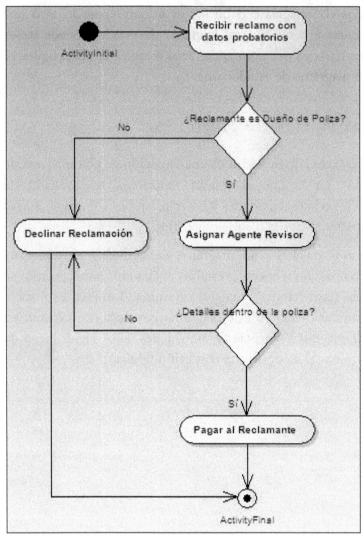

Figura 12: Un Diagrama de Actividad Parcial

Un modelo requiere de tantos diagramas de actividad (y de estados) como sea posible para tomar todas las decisiones relevantes del sistema y para entender éste en su totalidad.

Un diagrama de actividad se asocia (en el modelo) a un clasificador como un caso de uso o un paquete o a la implementación de una operación.

Diagramas de Componentes

Un diagrama de componentes muestra las dependencias entre los componentes de software, incluyendo los clasificadores que los especifican (por ejemplo, clases de implementación) y los artefactos que los implementan, tales como, archivos de código fuente, archivos de código binario, archivos ejecutables, *scripts*.

En materia sintáctica, un diagrama de componentes es un grafo de componentes conectados por relaciones de dependencia, aunque es posible también que dos componentes se conecten mediante una relación de composición (cuando un componente contiene a otro).

Aunque un componente no tiene sus propias características (por ejemplo, atributos u operaciones), actúa como un contenedor de otros clasificadores (normalmente clases) que ya están definidos con sus características. Los componentes típicamente exponen un conjunto de interfaces que representan servicios proporcionados por los elementos que habitan el componente.

En el siguiente ejemplo, Seguridad.dll y Registro.dll son componentes que dependen de AccesoDatos.dll.

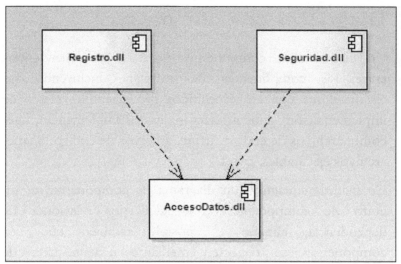

Figura 13: Diagrama de Componentes de un Sistema

Diagramas de Despliegue

Un diagrama de despliegue muestra la configuración de los elementos de procesamiento en tiempo de ejecución y los componentes de software y hardware, procesos y objetos que los ejecutan. Este diagrama es útil para ilustrar la arquitectura física de un sistema.

La sintaxis de un diagrama de despliegue es un grafo de nodos conectados por relaciones de asociación. Los nodos pueden contener instancias de los componentes. Esto señala que los componentes corren o se ejecutan en el nodo.

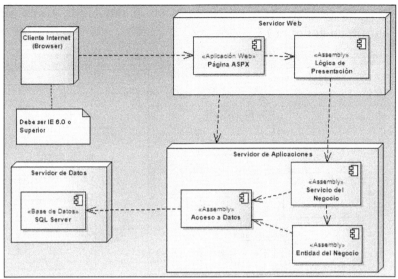

Figura 14: Diagrama de Despliegue de un Sistema

Paquetes, Subsistemas y Modelos

Un paquete es una agrupación de elementos del modelo. Los paquetes mismos pueden ser anidados dentro de otros paquetes. Un paquete puede contener paquetes subordinados así como otras clases de elementos del modelo (componentes, clases, casos de uso). En general, todos los tipos de elementos de un modelo UML pueden ser organizados en paquetes.

Un paquete se representa en UML mediante un rectángulo grande con un rectángulo pequeño (un "tabulador") adjunto al lado izquierdo superior del rectángulo grande.

Ahora bien, mientras que un paquete es un mecanismo genérico para organizar elementos de un modelo, un subsistema, por su parte, representa una unidad de comportamiento en el sistema físico y, por consiguiente, en el modelo. Un subsistema proporciona interfaces y tiene operaciones. Un subsistema se representa de la misma forma que un paquete, con un símbolo en el tabulador, como se ilustra en la figura 15.

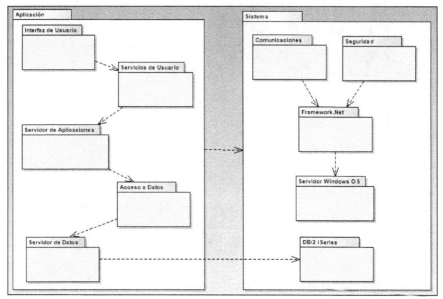

Figura 15: Diagrama de Paquetes de Alto Nivel de un Sistema

Mientras tanto, un modelo captura una vista de un sistema físico. Por supuesto, un modelo es una abstracción del sistema físico con un propósito definido. Por ejemplo, para describir aspectos de comportamiento del sistema físico a una categoría específica de interesados o en o involucrados con el sistema.

Diferentes modelos de un mismo sistema muestran distintos aspectos del sistema, como lo he ilustrado a lo largo de este capítulo con nueve de los modelos básicos de UML.

Otros Conceptos Básicos

En el ámbito de UML se manejan muchos otros conceptos que están fuera del alcance de estos prolegómenos, motivo por el cual, apenas les voy a mencionar algunos temas que son importantes para el estudio del modelado con UML.

UML es un lenguaje extensible a través de Mecanismos de Extensibilidad que permiten a los modeladores personalizar UML para dominios específicos, por ejemplo, para modelar sistemas que van a ser implementados en una plataforma específica como .NET o J2EE, o para crear un perfil de UML para un proceso de desarrollo de software como RUP (*Rational Unified Process*), por ejemplo o, más específicamente, para Modelar el Negocio.

Uno de esos mecanismos que juegan un papel de relevancia en UML cuando se trata de extenderlo son los **Estereotipos**. Por ejemplo, se pueden crear estereotipos para Clases Límite, Clases Persistentes y Clases de Control (que son tipos de Clases –clases de Clases-). También se pueden crear estereotipos para eventualmente cualquier tipificación no existente en el lenguaje de manera nativa (para tablas de una base de datos, para procedimientos almacenados, para *triggers*, para páginas ASP.NET, para procesos de carga y transformación de datos, entre muchos otros).

En el Apéndice A del libro presento **IGML,** un lenguaje basado en UML para modelar aplicaciones Web construidas con la plataforma .Net.

Más allá, el Lenguaje de Restricción de Objetos (**OCL** *–Object Constraint Language*) es un lenguaje íntimamente vinculado con UML. Se usa precisamente para declarar o establecer reglas para los elementos de un modelo (para las clases, por ejemplo). OCL llena el vacío que deja el uso del lenguaje natural cuando lo usamos para definir esas condiciones o semántica adicional requerida en todo modelo, uso que casi siempre causa ambigüedades o faltantes en el modelo. Por tales motivos, OCL es otro aspecto de importancia a la hora de estudiar UML y de modelar con el lenguaje.

Lo Que NO ES UML

En la primera parte de estos prolegómenos hice una analogía de UML con los lenguajes de programación tradicionales como Visual C# o Java; sin embargo, insisto, UML no es un lenguaje de programación visual, en el sentido de que no tiene todo el soporte visual y semántico necesario para reemplazar a cualquiera de esos lenguajes.

Adicionalmente, UML no tiene ninguna relación con las herramientas de modelado existentes que lo soportan. Si bien es cierto que los documentos de UML incluyen algunas sugerencias para los vendedores de herramientas en materia de alternativas de implementación, esa documentación no apunta a ninguna característica ni necesidad específica del lenguaje. Esta relación tampoco la tiene con los lenguajes de programación en que estas herramientas generan código fuente.

También, en los mitos que expongo más adelante, afirmo que UML no es un proceso. Eso es correcto. Intencionalmente, UML se diseñó independiente de cualquier proceso y definir un proceso estándar no fue un objetivo de OMG al diseñar el lenguaje. No obstante, y puesto que la adopción de un proceso es una clave discriminatoria entre proyectos híper-productivos y aquellos que no son exitosos, usar UML en el marco de un proceso de desarrollo como RUP, MSF o cualquier proceso Ágil (*eXtreme Programming, Scrum, Crystal*), es una garantía definitiva para asegurar la calidad de los modelos y de todos los artefactos producidos con la notación.

Mitos Sobre UML

No puedo terminar esta primera disertación sobre el Lenguaje de Modelado Unificado sin antes tratar de desmitificar algunas de las creencias, a manera de fe, que tenemos quienes a diario caminamos por los vericuetos espinosos de las tecnologías informáticas.

He aquí algunos de ellos:

1. UML es un proceso. Falso. UML es una notación estándar, adoptada por OMG para expresar modelos de sistemas. Como notación, puede ser usada en cualquier proceso de desarrollo de software, como RUP (*Rational Unified Process*), XP (*eXtreme Programming*), EUP (*Enterprise Unified Process*), Scrum y cualquier derivación de estos. Cada uno de estos procesos dice cómo y cuándo usar y cuáles modelos son útiles.

2. UML es para generar código. Falso. UML es un lenguaje para visualizar abstracciones de los componentes de un sistema de software. Sirve para entender el sistema que estoy construyendo, no para generar código fuente.

   Existen herramientas que, a partir de uno o más de los diagramas construidos, son capaces de generar cierta cantidad de código (normalmente "esqueletos" o plantillas) para una aplicación.

3. La decisión de usar UML para modelar depende del lenguaje a usar para programar. Falso. Recientemente me preguntaban en un foro si tenía experiencia usando UML con Cobol. Mi respuesta, además de negativa, fue categórica: no es necesario preocuparse del lenguaje de programación cuando estamos modelando con UML (ni con cualquier otra notación), a no ser que queramos aprovechar las características de generación de código de algunas de las herramientas de modelado que soportan UML. En todo caso, la mayoría de estas herramientas solo producen plantillas (esqueletos) de código para llenar (algunas permiten al diseñador la aplicación de patrones de diseño y la generación del código fuente respectivo, más rico que simples plantillas, pero el uso de una de

estas herramientas requiere de un amplio conocimiento no solo en Análisis, Diseño y Programación Orientada a Objetos, sino también en el espinoso tema de los Patrones de Diseño y otros conceptos "avanzados"). Lo que sí debemos asegurar es que la versión de Cobol, o de cualquier otro lenguaje que usemos para programar, permita la orientación a objetos.

4. UML se usa solo con Rational Unified Process. Falso. Puesto que UML fue creado, como reza el comercial, por los mismos creadores de RUP, cientos de desarrolladores que han adoptado o usan otros procesos de desarrollo como MSF, SCRUM, XP, o cualquiera de los que he mencionado antes, piensan que no es posible usar UML como notación. He insistido en estos prolegómenos que UML es independiente del proceso (al igual que del lenguaje de programación) que se use para llevar a cabo una solución de software. Es más, algunos casos de estudio muestran que UML ha sido usado también para modelar sistemas que no son software y con procesos que no tienen nada que ver con el desarrollo de software.

Conclusiones y Recomendaciones

Aunque este capítulo es apenas una presentación de los aspectos básicos de UML, los invito a que vayan más allá, las referencias que siguen son un buen punto para continuar.

Referencias

Real Academia Española © Todos los derechos reservados.

Object Management Group, 2001. *OMG Unified Modeling Language Specification.* http://www.omg.org/uml.

http://www.informit.com/content/images/0201748045/sa mplechapter/mellorch01.pdf

En
http://www.objectsbydesign.com/tools/umltools_byCo
mpany.html se enumeran algunas de estas herramientas
y hace una pequeña revisión de cada una, incluyendo
proveedor, versión, plataforma y precio.

2. De Procesos y de Humanos

> "Hay ciertos privilegios comunes a un escritor cuyos beneficios, espero, no haya razón para dudar; particularmente, que si no se me entiende, se debería concluir que algo muy útil y profundo se esconde debajo; y también, que si cualquier palabra o frase es impresa en un carácter diferente, debería pensarse que contiene algo extraordinario o ingeniosamente sublime."
>
> Jonathan Swift, _A Tale of a Tub_, Prefacio (1704)

Jochen Krebs dice en un artículo: "Seguir un proceso de ingeniería de software implica un compromiso con la consistencia y estandarización."[1] Y más adelante expone: "Desde una perspectiva organizacional, emplear especialistas certificados en RUP crea un ambiente consistente para la comunicación y la colaboración entre los miembros del equipo del proyecto y los demás involucrados, lo cual es la base para la eficiencia y la productividad."[2]

Esta misma convicción me acompañó desde el instante en que la irreparable voluntad del destino me condujo a usar RUP por primera vez hará ya más de una década. Pero también desde entonces me inquieta férreamente, como una espina clavada en el cerebro, el motivo por el cual en una cultura como la nuestra no hayamos logrado la madurez suficiente y necesaria para enfrentar todos y cada uno de nuestros proyectos con el éxito debido. Pues bien, este es un nuevo intento por remediar esta situación. Hablemos de Procesos.

Definición: Un **proceso** es un conjunto de pasos o acciones parcialmente ordenadas mediante las cuales se busca un objetivo. Un proceso define quién hace qué, cuándo hacerlo y cómo alcanzar ese objetivo.

Lo primero que se me ocurre agregar a esta definición sistémica es que no tiene nada que ver con artefactos documentarios o el puro acto de documentar. Lo aclaro porque en mis continuas asesorías todavía me encuentro con la excusa de "es que nosotros no seguimos ningún proceso porque no hay tiempo para documentar." Ahora bien, en este contexto, "parcialmente ordenadas" significa que no siempre tenemos que seguir caminos iguales. Es otra aclaración importante porque tendemos a creer que un proceso es una receta o una fórmula que siempre debe llevar los mismos ingredientes y prepararse de idéntica forma y no es así: un proceso se configura o se adapta, no solo para cada organización, sino para cada proyecto. Y para el caso de la TI, el objetivo del proceso es construir un producto de software nuevo (y estoy usando un término bastante general al decir "producto de software" porque soy de los que consideran al software como un medio y el verdadero producto es el conocimiento contenido en el software), o hacer el mantenimiento de uno existente. Justamente, otro error común es creer que no podemos dar soporte a un sistema de software usando un proceso si este sistema no fue desarrollado originalmente usando ese proceso.

En la segunda parte de la definición, **Quién** se refiere a los practicantes, actuarios (no actores) en el sentido de actuar, o a los ejecutantes de las acciones. Normalmente es un equipo de personas y, hoy más que nunca, de máquinas y herramientas a nuestra disposición. Entre tanto el **Qué** da cuenta precisamente de las acciones o pasos que se ejecutan o llevan a cabo por esas personas o herramientas. Son funciones que se suceden en el tiempo, pero que se repiten continuamente una y otra vez (de forma iterativa) hasta alcanzar el resultado esperado. Se trata de tareas más o menos simples, muchas de ellas mecánicas, que se pueden hacer en días o en horas. Esta sucesión de momentos redundantes señalan el **Cuándo** del enunciado; son instantes que se multiplican durante un proyecto y en muchos proyectos, de tal forma que con el paso del tiempo podemos llegar a predecir con gran exactitud cuándo pasarán y cuánto tardará su ejecución; al menos esa es la presunción al usar un proceso: estimaciones más precisas y la conversión del mal llamado "arte" de la programación de computadores en Ingeniería, en ciencia numérica que pueda ser cuantificada. Y finalmente, el **Cómo**, constituido por los medios, las herramientas (y no me refiero siempre a maquinaria) y las técnicas proporcionadas por el proceso, que no son más que una suma de prácticas documentadas que han funcionado al menos una vez para al menos una persona en al menos un entorno.

Esto último es muy importante asimilarlo con cuidado, porque también tenemos la tendencia a asumir que todo lo que está por escrito sirve para cualquier ocasión cuando una buena práctica es medir distintas variables relacionadas con el hábitat, con los miembros del equipo, con la economía, con la cultura y hasta con la idiosincrasia de las personas para decidir cuál es la mejor trayectoria a seguir.

Un proceso se documenta: esto mejora su difusión en cada una de las dimensiones de la compañía que lo adopta, clarifica conceptos y estandariza el uso del mismo. También permite la medición del mejoramiento del proceso. Con esto en mente, un proceso se sigue: lo que pasa es que el seguimiento no es del tipo "receta de cocina", es decir, no siempre tenemos que participar de acciones semejantes, construir artefactos semejantes, ni actuar tipo "robot" sistemático. Eso ocurre esencialmente porque los **actuantes** del proceso medimos además variables del ambiente en el que nos transportamos a través del ciclo de vida del desarrollo del software. Variables como el tiempo disponible, la criticidad y complejidad del software, el equipo del proyecto (aspectos como experiencia técnica, conocimiento del negocio y del proceso usado influyen), herramientas de apoyo, modo de utilización del proceso, entre muchas otras, se usan para adaptar el proceso al proyecto que está iniciando.

En ese orden de ideas, un proceso puede ser pequeño al comienzo: y es una buena práctica que sea pequeño para empezar a usarlo. De hecho, es posible emplear solo una pequeña parte del proceso: la fase de inicio, por ejemplo, o solamente una disciplina como la Gerencia de Proyectos a lo largo de todo el ciclo de vida. De esta forma, luego de aplicar esa porción del proceso, medimos los resultados, mejoramos esa parte del proceso, de ser posible, y la divulgamos al interior de la organización. Más adelante usamos otra fracción del proceso, quizás junto con la anterior, y vamos creciendo con él.

Y algo muy importante: un proceso no tiene que ser perfecto. Es más, ninguno lo es. Y hay más: un proceso nos indica que hacer bajo ciertas condiciones, que bien podríamos llamar "circunstancias ideales". Por ejemplo, un proceso no dice que hacer si al equipo de desarrollo le faltan dos personas intempestivamente o si hay problemas técnicos que no son solucionables a corto o mediano plazo. Lo que sí hace es dar ideas (prácticas documentadas) de qué hacer en casos como esos. En resumen: un proceso no dice que hacer en tiempos de crisis. Es en esos momentos cuando toda nuestra razón, nuestros conocimientos, nuestra praxis (hablo de los seres humanos actuarios del proceso) y nuestra pragmática se debe poner de manifiesto para superar el trance.

Importante es que un proceso vaya de la mano con un programa de entrenamiento para el manejo de las habilidades de las personas que lo usan. El proceso no hace nada por sí solo, ni las herramientas, son las personas las que, con cierto grado de conocimiento del proceso y de experiencia en el rito procesal, lo siguen, lo ejecutan. Lo que no debe ocurrir es que el proceso dé pie a interpretaciones diversas. El proceso debe ser claro, no ambiguo, preciso, sin que ello quiera decir inflexible. Al final, el proceso debe contar con unas bases para el mejoramiento continuo de la calidad y he aquí la primera premisa de lo que se ha llamado Mejora de Procesos: "La calidad de un producto es determinada en gran medida por la **calidad del proceso** que es usado para desarrollarlo y mantenerlo"[3].

Además, un proceso debe usar las mejores prácticas probadas en la industria, no solo la última moda en materia de guías o actividades. Un proceso debe estar bien establecido en el medio donde se utilizará, ser familiar a los miembros del equipo de desarrollo, a los clientes, a los usuarios (de alguna forma), a los socios de negocios y a todos los involucrados en el proyecto. No podemos forzar el uso de tal o cual práctica que aprendimos en un libro de aparición reciente o que escuchamos en la conferencia de la noche anterior.

Y más aún, un proceso debe ser práctico, esto es, entregar la información que se necesita, cuando se necesita y en un formato y medio usable. Y con la sospecha de ser incisivo: el proceso debe adaptarse a las necesidades de quien lo usa, es decir, un proceso debe proporcionar los mecanismos para que sea configurable de acuerdo al proyecto.

¿Y todo esto qué tiene que ver con RUP? Pues bien, RUP es un proceso pensado en principio para desarrollar software. RUP posee todas esas características a las que me acabo de referir. La entrada de RUP son los requisitos, nuevos o cambiados; la salida de RUP es el sistema, nuevo o cambiado. Pero lo más importante, es un sistema de alta calidad, como lo exigen los estándares de la industria.

Finalmente quiero dejarlos con estas tres leyes[4] del proceso de software, algo como para tener siempre presente:

La Primera Ley del Proceso de Software

Los procesos solamente nos permiten hacer cosas que ya sabemos hacer.

El Corolario a La Primera Ley del Proceso de Software

No puedes tener un proceso para algo que no hayas hecho nunca ni que no sepas como hacer.

La Creación Reflexiva de Sistemas y Procesos

1. La única forma de crear sistemas efectivos es a través de la aplicación de procesos efectivos.

2. La única forma de crear procesos efectivos es a través de la construcción de sistemas efectivos.

El Lema de la Tardanza Eterna

Los únicos procesos que podemos usar en el proyecto actual fueron definidos en proyectos previos, que son diferentes de éste.

La Segunda Ley del Proceso de Software

Solamente podemos definir procesos de software a dos niveles: uno demasiado vago o uno demasiado limitante.

La Regla de la Bifurcación del Proceso

Las reglas de los procesos de software muchas veces se dictan en términos de dos niveles: una sentencia general de la regla y un ejemplo detallado específico (valga el ejemplo: La Segunda Ley del Proceso de Software).

La Hipótesis Dual del Descubrimiento del Conocimiento

- Hipótesis Uno: Solamente podemos "descubrir" el conocimiento en un entorno que contiene el conocimiento.

- Hipótesis Dos: La única forma de declarar la validez de cualquier conocimiento es compararlo con otra fuente de conocimiento.

La Observación de Armour sobre el Proceso de Software

Lo que todo desarrollador de software realmente quiere es un conjunto de reglas riguroso, hermético, concreto, universal, absoluto, total, definitivo y completo que se puedan romper.

La Tercera Ley del Proceso de Software

El último tipo de conocimiento a ser considerado como candidato para la implementación en un sistema de software ejecutable es el conocimiento de cómo implementar el conocimiento en un sistema de software ejecutable.

Las Metas Gemelas de la Terminación Óptima

1. La única meta natural de un grupo de procesos de software debería ser alejada del negocio tan pronto como sea posible.

2. El resultado final del desarrollo y aplicación continuos de un proceso efectivo será que nadie realmente tiene que usarlo.

Quizás el único comentario que me queda por hacer es que los procesos y los modelos no pueden separarse de la forma como pensamos los seres humanos. Más que cualquier otra cosa, el desarrollo de software es una actividad pensante. Como humanos, solo pensamos en términos de modelos. Las restricciones de estos modelos nos asisten en la actividad pensante, pero también nos restringen y pueden aún conducir el resultado de nuestro pensamiento forzando una respuesta sobre nosotros. Todos estos elementos, los procesos que usamos y los modelos de nuestro entendimiento que nosotros mismos creamos, incluyendo el modelo del código, deben conformar con los requisitos de la mente.

Referencias

1. **The value of RUP certification**, by Jochen Krebs. The Rational Edge, Enero 2007.
    http://www.ibm.com/developerworks/rational/library/jan07/krebs/index.html.

2. **The value of RUP certification**, by Jochen Krebs. The Rational Edge, Enero 2007.
    http://www.ibm.com/developerworks/rational/library/jan07/krebs/index.html.

3. Basado en principios de Administración Total de la Calidad enseñados por Shewhart, Juran, Deming y Humphrey.

4. The Laws of Software Process: A New Model for the Production and Management of Software by Philip G. Armour.

3. *El Proceso Unificado* o Todo lo que quisiste saber alguna vez de UP y no te atreviste a preguntar…

UP es un proceso y una metodología y un *framework*. UP nos habla de actividades, de responsables, de procedimientos de trabajo, de casos de uso, de arquitectura del software, de iteraciones e incrementos, de riesgos, de modelos y de modelado con UML, de análisis y diseño del software, de pruebas y control de calidad; UP también nos habla de guías y listas de chequeo, de herramientas del proceso (no software no hardware), de herramientas de software para apoyar el proceso; y también de gerencia de proyectos, de control de versiones, de configuración y adaptación del proceso, de prácticas contextuales; UP nos cuenta los porqué de las cosas o, al menos, hace un recuento de la experiencia de otros; UP tiene dinámica y tiene estática; UP proporciona mecanismos para que hagamos mejor nuestro trabajo y nos lleva de la mano hacia el éxito y hacia la calidad total.

Framework, Proceso y Metodología

Esto, por ningún motivo, es un uso estándar. En el pasado encontré útil diferenciar **proceso** de **metodología** como explico a continuación: literalmente, un proceso es un conjunto de pasos para realizar algo, incluyendo quien hace que, cuando y todas esas cosas que expuse en el capítulo anterior. Estrictamente hablando, UP no contiene nada de esto. Los flujos de trabajo y las actividades no están entretejidos en procedimientos específicos organizados en el tiempo. De esta forma, UP es referenciado como un *framework* de procesos que contiene piezas de las cuales se puede escribir un proceso para una organización. Forzosamente, este proceso debería ser configurado para la organización y sus roles específicos, su estructura y sus objetivos, entre otros.

UP también es una metodología. Esta afirmación quiere decir que UP es una base teórico-conceptual detallada para hacer las cosas de cierta manera. Es como una enciclopedia. De este modo, cuando un proceso dice "escriba un caso de uso" hay mucha información en UP sobre cómo y por qué escribir casos de uso.

Usando los términos así, se aclara la confusión en las organizaciones que hablan de "hacer el proceso" o "tener un proceso" cuando quieren decir simplemente que tienen algunos procedimientos de trabajo. Adoptar una metodología es algo más –significa involucrarse con un *framework* conceptual y un conjunto de métodos. Estos métodos entonces necesitan anidarse en procedimientos que concuerden con la organización.

En aquel tiempo también encontré otros dos términos relacionados a los anteriores que debía entender: método y técnica. El primero se refiere a una descripción detallada de quién hace qué, cuándo y cómo; se parece mucho a metodología, ni más faltaba, pero hay una diferencia substancial que haré evidente en breve. Mientras tanto, la técnica es mucho más detallada y, por consiguiente, aborda o trata un área muy especializada.

Esto también significa que un framework puede contener varios procesos, un proceso puede contener varios métodos y un método puede contener varias técnicas. Es difícil de decir en qué punto se convierte una técnica en método, lo importante de todos estos conceptos, concluí, es que son parte del mismo cuadro.

Como siempre, hice uso de mi Gazafatonario para establecer definiciones más semánticas. Este fue el resultado:

Definición: Un **framework** se refiere a un número de bloques de construcción predefinidos con los cuales es posible configurar un proceso, método, etc.

Definición: Un **proceso** se refiere a una serie de acciones, cambios o funciones que entregan un resultado (un flujo). Cuando hablamos de UP, es útil recordar que el proceso es lo que tiene lugar en el "mundo real" mientras que la **descripción del proceso** es lo que está documentado en el producto UP como tal... ¡algunas veces éstas son dos cosas distintas!

Definición: una **metodología** se refiere al cuerpo completo de prácticas (una práctica es una forma regular y sistemática de realizar alguna cosa), procedimientos y reglas usados por quienes trabajan en una disciplina (por ejemplo en la IT); pero una metodología también se refiere al estudio teórico del análisis de tales métodos de trabajo.

Definición: un **método**, por otro lado, se refiere a solamente una de esas prácticas.

Definición: Una **técnica** se refiere al procedimiento sistemático mediante el cual una tarea compleja o científica se lleva a cabo.

Hoy, estos conceptos tienen más vigencia que nunca.

Comentario del Autor

Confieso que a pesar de haber hecho docenas de presentaciones sobre UP y de haber escrito algunos artículos al respecto, me encontré en una encrucijada al momento de abordar este nuevo capítulo sobre el tema. Los enfoques pueden ser muchos: que si las características, que si las fases, que si las disciplinas, que si las actividades, que si las plantillas, en fin, eran muchas las posibilidades. Por fin inicié como acaban de leer, pero entonces algo, quizás sensato quizás absurdo, pasó por mi mente: acaso la mayoría de ustedes nunca ha tenido una primera vez con UP. Entonces decidí volver a lo fundamental.

Aquí vamos otra vez.

Raíces

Para lo que nos interesa, UP es un proceso de Ingeniería de Software que busca asegurar la producción de software de alta calidad, satisfaciendo las necesidades de un cliente (y estoy usando un espectro muy amplio de la palabra "cliente" al abordar desde usuarios finales y a otros involucrados hasta las organizaciones que de una u otra forma se ven impactadas por el software), con un plan y presupuesto previsibles.

Pero también podemos mirar a UP como un conjunto extenso, en lo horizontal, y profundo, en lo vertical, de experiencias documentadas alrededor de los distintos procesos relacionados con el ciclo de vida de los sistemas. Son prácticas dispuestas es una dimensión estática que establecen estándares probados, en principio, para desarrollar software, a través de una dimensión dinámica: el tiempo. Los procedimientos están enmarcados en procesos, conocidos también como disciplinas o flujos de trabajo: Modelado del Negocio, Administración de Requisitos, Análisis y Diseño, Implementación, Pruebas, Administración de la Configuración y Control de Versiones, Administración del Entorno y, por último pero no menos importante, Gerencia de Proyectos. Entre tanto, el tiempo está dividido en Fases:

Inicio, Elaboración, Construcción y Transición. A su vez, cada fase, esta fraccionada en etapas o ciclos pequeños llamados Iteraciones.

A través del tiempo hay que alcanzar hitos o cumplir objetivos, en cada fase y, dentro de ellas, en cada iteración. Para alcanzar esas metas, hay que llevar a cabo las funciones definidas en los distintos procesos que, a su vez, tienen objetivos más específicos. La suma de todos estos propósitos alcanzados resulta precisamente en la finalidad universal de todo proceso y UP no es la excepción: la construcción de un sistema de software de calidad excelsa.

Metas de las Fases

Inicio o **Concepción** es la primera fase de UP. El propósito principal es que alcancemos un acuerdo entre todos los interesados sobre los objetivos del ciclo de vida para el proyecto. Los interesados, mejor conocidos como *interesados*, son todas las personas y entidades que de una u otra forma influyen o se ven afectados por el desarrollo del proyecto y por el producto que resulta del proyecto. Ejemplos de interesados son: usuarios finales, todo el equipo de desarrollo, patrocinadores del proyecto (los productores ejecutivos), socios de negocios, proveedores, clientes, otras áreas de la compañía distintas a aquella para la cual se elabora el software, entre otros.

Al final de la fase de Inicio, revisamos los objetivos del ciclo de vida y decidimos proceder con el proyecto o cancelarlo. Esto último puede ocurrir porque no alcanzamos el hito de la fase o porque, al hacerlo, encontramos que no es posible continuar con el proyecto, tanto técnica como financieramente y, con frecuencia, por ambos factores a la vez.

En particular, durante esta fase elaboramos el modelo del negocio, de ser necesario, y establecemos la visión y el alcance del proyecto, es decir, lo que haremos y lo que no haremos dentro del proyecto; también definimos un plan de manejo de riesgos, lo mismo que diseñamos, implementamos y evaluamos una o más pruebas de concepto arquitectónicas, a criterio del Arquitecto del Software o de los analistas más experimentados del equipo. Estas pruebas se ejecutan para tener la tranquilidad de que distintas estrategias de índole técnica o tecnológica tendrán cabida durante la construcción del software, es decir, es posible realizarlas con éxito. Con todo lo anterior, realizamos el Plan de Desarrollo de Software o, al menos, una agenda viable para el proyecto que defina tiempos y número de iteraciones potenciales por fase, lo mismo que el talento humano asignado a cada iteración.

Por su parte, el objetivo principal de la fase de **Elaboración** es delinear la arquitectura del software y proporcionar una base estable para el grueso del diseño e implementación en la siguiente fase. Pero además de bosquejar la Arquitectura, durante la Elaboración probamos esa arquitectura mediante la implementación de la funcionalidad más significativa (precisamente, la que tiene un mayor impacto en la arquitectura) y una evaluación de los riesgos técnicos del proyecto, es decir, los que tienen que ver con el desempeño esperado, la seguridad, la infraestructura requerida para ejecutar el sistema, la usabilidad y otras restricciones de diseño y del entorno de desarrollo del software. Al final de esta etapa obtenemos una **arquitectura estable** vía prototipos arquitectónicos sucesivos, que se construyen durante cada uno de los ciclos en los que se divida la fase.

Más adelante, en la fase de **Construcción**, diseñamos, implementamos e integramos el software en su totalidad, basado en la arquitectura prescrita durante la Elaboración. En esencia, la Construcción termina con lo que llamamos la versión β*eta* del producto, listo para someterlo a procedimientos de certificación de calidad. Durante esta fase realizamos pruebas que bien podríamos llamar Pruebas Alfa, completamos la capacidad operacional inicial del sistema y finalizamos la documentación del manual del usuario, cuando hay lugar a ello.

Al final, durante la fase de **Transición**, nos aseguramos de tener el software listo para entregar a nuestros usuarios, quienes revisan y aprueban todos los entregables del proyecto.

Por su parte, las **iteraciones**, durante las fases de Elaboración y Construcción sobre todo, tienen un único objetivo: la entrega de software ejecutable y su documentación asociada. Aunque tengo mucho por decir sobre el desarrollo iterativo, esta simple premisa, software ejecutable más documentación, encierra un gran significado que debería ser evidente para todos.

Conocer la intención de cada una de las fases del ciclo de vida nos da una idea inicial de las acciones a seguir para alcanzar tales metas. Les hablo de tareas por hacer, procedimientos por ejecutar, los que finalmente nos conducirán al resultado esperado: un producto de notable calidad y valor. Con esto quiero decir que pensamos en actividades antes que en "entregables". Estos últimos son consecuencia inmediata de aquellas, son el recipiente que debemos llenar.

Metas de las Disciplinas

Ahora bien, el propósito principal del **Modelado del Negocio** gira en torno a entender el problema actual de la organización objetivo e identificar mejoras potenciales; también, evaluar el impacto del cambio organizacional. Esto último debido a que un sistema de software trae un nuevo orden a las cosas, una nueva forma de desempeñar funciones y procedimientos en la organización. En esta disciplina también nos aseguramos de contar con un entendimiento común del negocio para el cual desarrollamos el sistema; y cuando digo común, me refiero a los usuarios, a los desarrolladores y a todos los demás involucrados en el proyecto.

A su vez, la disciplina de **Requisitos** establece y mantiene un acuerdo entre nosotros y los usuarios sobre lo que el sistema debe hacer; asimismo, define los límites y proporciona bases para la estimación de costos y tiempos para el desarrollo del sistema. Esta disciplina también aporta lo necesario para planear el contenido técnico de las iteraciones y permite definir una interfaz de usuario para el sistema, conduciendo nuestro enfoque hacia las necesidades y metas de los usuarios. Un aspecto importante de este proceso de Requisitos es que expone las prácticas recomendadas para instaurar una buena comunicación con los usuarios y el resto de la organización destino del software.

Me queda bien decir en este punto de la lectura que a menudo no se conoce donde la administración de requisitos termina y donde comienza el análisis y diseño del sistema. Si bien el Analista del Sistema interviene en ambos procesos, debemos tener claro los límites de uno y otro, para no exponer a los usuarios a aspectos de corte técnico inherentes al Análisis o al Diseño, o aún a la misma Arquitectura del software. Durante la Ingeniería de Requisitos, el Analista del Sistema tiende a ser un Especificador de Requisitos; mientras tanto, durante el Análisis y Diseño, ese mismo Analista tiende a ser un Diseñador y, quizás, un Arquitecto.

Precisamente, el propósito de **Análisis y Diseño** es transformar los requisitos en un diseño del sistema a construir, adaptar ese diseño para que concuerde con el entorno de implementación teniendo en cuenta, entre otros, factores de desempeño y de usabilidad; Y es también este proceso el que nos ayuda a determinar una arquitectura robusta que albergue el sistema.

Importante es que la línea divisoria entre el Análisis y el Diseño del sistema es bastante tenue pero a la vez bien definitoria. Durante el análisis precisamos una arquitectura candidata, ejecutamos una síntesis arquitectónica y analizamos el comportamiento del sistema; en tanto que en diseño, diseñamos componentes, base de datos y servicios, y hasta encontramos una actividad llamada Diseñar Casos de Uso, donde exhibimos todos los aspectos técnicos propios de un caso de uso.

Después del diseño está la **Implementación**, cuya finalidad es que podamos definir la organización del código, en términos de subsistemas de implementación organizados en capas. Es en este proceso donde convertimos los elementos de diseño en elementos de implementación (archivos fuentes, binarios, programas ejecutables, entre otros); también aquí probamos como unidades los componentes desarrollados e integramos en un sistema ejecutable los resultados producidos por cada uno de nuestros programadores.

Quiero enfatizar en lo de pruebas unitarias o pruebas de unidad. Estas son ejecutadas por el **Implementador**, precisamente para verificar tanto la especificación como la estructura interna de una unidad de código, una clase, por ejemplo. Al validar que el componente está trabajando correctamente antes de someterlo a pruebas más formales, estamos asegurándonos de que la transición del código fuente al sistema ejecutable integrado será llevadera. Así como las pruebas hacen parte intrínseca y básica del desarrollo del software, las pruebas de unidad son congénitas a la implementación.

Ya que hablo de **Pruebas**, esta disciplina, que actúa como proveedor de servicios a las demás disciplinas de UP, nos permite enfocarnos en evaluar y valorar la **Calidad del Producto** mediante la búsqueda y documentación de defectos, y la validación y prueba de las suposiciones hechas en el diseño y en la especificación de requisitos vía demostraciones concretas. Los **Verificadores** también aconsejan o asesoran sobre la calidad percibida en el software; de hecho, el equipo de pruebas es quizás la máxima autoridad del proyecto, dado el carácter restrictivo que tienen sus funciones. En el futuro no habría gerentes de proyecto como los conocemos hoy, sino gerentes de calidad.

La documentación de UP anota una diferencia interesante que existe entre la disciplina de Pruebas y las demás disciplinas en UP: esencialmente, Pruebas encuentra y expone debilidades en el software. Es interesante porque para conseguir mayores beneficios, necesitamos una filosofía general diferente a la que usamos durante la Administración de Requisitos, Análisis y Diseño e Implementación. Estos tres procesos se enfocan en la **completitud** del software, mientras que Pruebas se enfoca en la **no completitud**. Así que no es gratuito aquello de que es mala práctica que sean los mismos desarrolladores quienes ejecuten las pruebas. Ya está demostrado genéticamente que es cuasi imposible que un desarrollador tome el camino requerido para encontrar lo que le hace falta a su creación.

Todavía hay más disciplinas. La de **Despliegue**, por ejemplo, nos guía sobre las actividades necesarias para asegurar que el producto de software esté disponible para los usuarios. Aquí, disponible no solo quiere decir "en producción", sino también utilizable para pruebas y demostraciones.

Todos los procesos anteriores, conforman las Disciplinas Básicas del ciclo de vida. Pero existen otros procesos que son transversales a cualquier proyecto y sirven de apoyo durante todo el ciclo de vida de desarrollo: la disciplina de **Administración de la Configuración y Versiones** nos permite controlar y sincronizar la evolución del conjunto de Productos de Trabajo que componen un sistema de software. Por su parte, la disciplina del **Entorno** organiza los elementos del método que suministran el entorno de desarrollo de software que apoya al equipo de desarrollo, incluyendo tanto procesos como herramientas; al hacer esto, esta disciplina soporta los demás procesos.

En breve, la disciplina del entorno es la que nos provee los mecanismos clave para configurar y adaptar el proceso para cada proyecto, brindándonos herramientas para cuantificar y cualificar distintas variables que afectan el desarrollo de un producto de software, incluyendo el tiempo y los recursos disponibles, la complejidad del producto, la tecnología a usar, la experiencia del equipo de desarrollo, el conocimiento que este tenga del negocio, el tipo de cliente final, información de la competencia y el grado de formalidad, entre otros.

Finalmente, la **Gerencia de Proyectos** exhibe las prácticas recomendadas para los procesos de Inicio, Planeación, Ejecución, Control y Cierre de proyectos (incluyendo el cierre de iteraciones y de fases). Esta disciplina nos propone actividades y estructuras para la planeación de proyectos, la administración adecuada de riesgos, lo mismo que para monitorear el avance del proyecto y gestionar las métricas del mismo.

Para alcanzar cada una de estas metas, las actividades propuestas son dirigidas por los casos de uso, centradas en la arquitectura del software e iterativas, es decir, se repiten una y otra vez, a lo largo de todo el proyecto, quizás hasta el cansancio. Esta última característica ciertamente es como una revolución, de hecho, entender el modelo de desarrollo por ciclos cortos de tiempo implica experimentar una profunda y quizás traumática transformación a varios niveles de nuestras creencias sobre la forma como desarrollamos software.

Variaciones del Proceso Unificado

Hay muchas variaciones del proceso, algunas de ellas "universales", muchas otras son implementaciones, en el sentido de adopciones y adaptaciones, que hacen las organizaciones que se dedican a producir software a algún nivel.

Entre las variaciones universales podemos encontrar:

- Agile Unified Process (AUP), una variación liviana desarrollada por Scott W. Ambler.
- Basic Unified Process (BUP), una variación liviana desarrollada por IBM y precursora de OpenUP.
- Enterprise Unified Process (EUP), una extensión del Rational Unified Process (RUP).
- Essential Unified Process (EssUP), una variación liviana desarrollada por Ivar Jacobson.
- Open Unified Process (OpenUP), el proceso de desarrollo de software del Eclipse Process Framework.
- Rational Unified Process (RUP), el padre de todos los UP, el proceso de desarrollo de software de IBM/Rational Software.
- Oracle Unified Method (OUM), el proceso de desarrollo e implementación de Oracle.
- Rational Unified Process-System Engineering (RUP-SE), una versión of RUP configurada por Rational Software para Ingeniería de Sistemas.

Referencias

Algunas de las características de RUP y conceptos expuestos aquí se basan en la documentación de IBM Rational Unified Process.

El sitio de Eclipse Process Framework: http://www.eclipse.org/epf/

Una versión de UP para educación: http://www.upedu.org/

4. UP: Fase de Concepción

> "No hay nada más difícil de emprender, ni más dudoso de hacer triunfar, ni más peligroso de manejar, que el introducir nuevas leyes."
> Nicolás Maquiavelo (El Príncipe, 1513)

> "In principio creavit…"
> Génesis 1 {1:1}

Inicio o Concepción es la primera fase de UP. El nombre no es importante, solo la meta es importante. Lo realmente trascendental es el objetivo que buscamos durante este período de gestación del proyecto: complementando lo que dije en el capítulo anterior, la finalidad cardinal de esta fase es establecer la visión y el alcance del proyecto y del sistema, lo que se hará y no se hará dentro del proyecto y más aún, lo que hará y lo que no hará el producto a construir.

Para ello, UP nos proporciona herramientas, a manera de mecanismos y maniobras, que bien usadas nos llevan de la mano hacia la consecución del objeto primario que nos ocupa: obtener un acuerdo con todos los involucrados sobre los objetivos del ciclo de vida para el proyecto.

Pero antes de abordar detalladamente la fase de Concepción como la explica UP, quiero referirme al significado de las características del proceso durante la misma.

UP es Dirigido por Casos de Uso y es Centrado en la Arquitectura

Esto significa que los casos de uso son la base para el resto del proceso de desarrollo. Durante la fase de Inicio, cuantificamos y cualificamos los requisitos funcionales del sistema en términos de casos de uso. Estos se convierten en el insumo para:

- Crear y validar el modelo de diseño de la solución
- Diseñar la arquitectura del sistema
- Definir los casos y procedimientos de prueba en el modelo de pruebas
- Planear las iteraciones
- Elaborar la documentación de usuario
- Hacer el despliegue del sistema
- Sincronizar el contenido de los diferentes modelos que forman el sistema

Los casos de uso también son usados para modelar el negocio, actividad que pocas veces es tenida en cuenta a la hora de entender el comportamiento sistemático de una organización.

Cualificar los casos de uso quiere decir en el contexto del proceso que el Arquitecto del software debe hacer una priorización de los mismos desde el punto de vista arquitectónico. Es decir, establecer cuáles son los casos de uso que definen la arquitectura o que tienen un impacto mayor en la misma. Para ello, los Arquitectos ponen de manifiesto su experiencia en proyectos anteriores y similares, si es posible, para reconocer los casos de uso arquitecturales: El ciclo de vida del caso de uso, el número y la calidad de los elementos estructurales (tanto de arquitectura como de diseño como de implementación) que se requieren para implementar el comportamiento del caso de uso en el sistema, requisitos de desempeño, de confiabilidad, de soporte, de concurrencia y otras restricciones de diseño, la complejidad algorítmica asociada al caso de uso, el número de escenarios del caso de uso, el *ranking* del caso de uso desde el punto de vista de su criticidad (esto es, si el caso de uso es requerido u obligatorio, o importante, o adicional –

normalmente los casos de uso arquitectónicos se cuentan entre los dos primeros), el grado de novedad de la tecnología y las estrategias disponibles para implementar el caso de uso o, en otras palabras, la experiencia del equipo de desarrollo en el uso de tal o cual tecnología o conjunto de técnicas para resolver un problema dado, son todas variables relevantes a la hora de catalogar o evaluar los casos de uso desde una perspectiva de arquitectura.

La fase de inicio es exploratoria, los casos de uso, todavía en estado primitivo, corren por un río de aguas diáfanas que se precipitan desde la mente de los usuarios como huevos prehistóricos. Encontrarlos, darles un lugar en el sistema, clasificarlos, esbozarlos, modelarlos y finalmente presentarlos, es lo que hacemos como analistas durante este período del proyecto. Una vez aprobado el modelo, los casos de uso rigen los designios a veces insondables a veces meta-humanos de todo el proyecto. A los casos de uso no se les puede poner limitantes técnicas y el equipo de desarrollo debe mantenerlos como un libro abierto de referencia para decidir siempre el paso siguiente. Eso significa "dirigido por casos de uso."

> **Nota**: sobre casos de uso hablo durante toda la segunda parte de este libro.

La arquitectura del software, por su parte, asoma tímida durante la concepción, a manera de arquitectura candidata o preliminar y debería contemplar más de una posible solución, un conjunto pequeño de alternativas de cómo se va a implementar el software y la estrategia que usaremos para abordar el tratamiento de los requisitos suplementarios o no funcionales: la vista de casos de uso o funcional, subconjunto propio del modelo de casos de uso, una vista lógica de alto nivel y quizás una perspectiva del despliegue de la aplicación, surgen de la mente creativa del arquitecto, cual visión futurista de lo que será, de cómo lucirán las entrañas del sistema una vez esté construido. Y sea cual fuere la decisión, la elección que tomemos en la siguiente fase del proyecto, la arquitectura es desde todo punto de vista restrictiva, circunscribe el diseño y, consecuentemente, la implementación y el despliegue de la solución software que se conciba. Pero a partir de ella se abordan y mitigan los riesgos técnicos del proyecto durante las primeras iteraciones del mismo; también se construyen las bases o cimientos del sistema, unas en las que todos los requisitos conocidos y algunos de los no conocidos tengan cabida; por supuesto, la arquitectura es el eje medular alrededor del cual se construye la solución, se planea y se controla el proyecto y también en torno a la cual se asegura la calidad del producto. Eso significa "centrado en la arquitectura."

Roles y Responsabilidades Durante Concepción

Un Ingeniero de Procesos, un Gerente de Proyectos, al menos un Analista de Requisitos, un Analista del Negocio y un Administrador de la Configuración son los responsables de iniciar el proyecto. Con ellos, los usuarios, clasificados en Usuarios Líderes, Usuarios Finales y otros Interesados (*stakeholders* es el término que nos llega del Inglés) son los encargados de dictar el problema (y el problema detrás del problema, la causa raíz), sus necesidades, y hasta sus ambiciones, sus sueños y sus esperanzas. Más adelante, un Especificador de Requisitos (realmente un escritor técnico de casos de uso que bien podría ser el mismo analista de requisitos –de hecho casi siempre lo es) y un Arquitecto del Software, se unen a los anteriores para establecer las características (de alto nivel) del software, los primeros requisitos funcionales (a manera de casos de uso) detallados, los requisitos no funcionales y la misma solución de software expresada en términos arquitectónicos y de diseño.

Vamos por partes.

El Ingeniero de Procesos

RUP es un proceso configurable y adaptable a cada proyecto. La primera conclusión que viene a mi mente, aunque reiterativa, tiene que ver con la forma de abordar el proceso. Recordemos que el proceso expone prácticas que han funcionado alguna vez, pero que no deberíamos seguir al pie de la letra, cual ensayo de laboratorio.

Un proyecto tiene condiciones muy particulares: el tipo de organización, más exactamente, el contexto del negocio, el tamaño del esfuerzo de desarrollo del software, el grado de novedad, el tipo de aplicación, el proceso actual de desarrollo, los problemas actuales y sus causas primarias, los factores organizacionales, las actitudes y la complejidad técnica y de gestión son algunos discriminantes que el así llamado Ingeniero de Procesos debe tener en cuenta al momento de decidir el mejor de los caminos posibles del proceso para ese proyecto.

Previo a ello, debemos tener claridad sobre las influencias del proceso de desarrollo: factores del dominio, por ejemplo, entre los que se cuentan factores del dominio de la aplicación, del proceso de negocio a soportar, de la comunidad de usuarios y de las ofertas disponibles de los competidores; factores del ciclo de vida como el tiempo de salida al mercado, la vida esperada del software y las versiones futuras planeadas son igualmente importantes; factores técnicos, ni más faltaba, como los lenguajes de programación a usar, las herramientas de desarrollo, las bases de datos, los *frameworks* de componentes y los sistemas de software existentes, constituyen influjos de peso que actúan sobre el proceso de desarrollo, junto con otros factores organizacionales cuyo nombramiento, al menos, se escapa del alcance de esta lección.

Sobre el tamaño del esfuerzo del proceso de desarrollo, tenemos en cuenta aspectos medibles como el número de líneas de código entregadas, el número de casos de uso, el número de personas por mes o por alguna otra unidad de tiempo, el número de clases y de componentes, el número de tablas y de procedimientos almacenados en la base de datos, entre otros, para cuantificar la influencia en el desarrollo: a mayor tamaño de proyecto, mayor tamaño de equipo de desarrollo, el contexto del negocio pierde importancia en favor de más formalidad y más visibilidad en los requisitos, en las interfaces y en los indicadores de progreso del proyecto. También, para equipos geográficamente dispersos, incluso transoceánicos, tenemos en cuenta aspectos cruciales de comunicación y el cambio del huso horario.

El grado de novedad es otra condición influyente que tengo en cuenta como ingeniero de procesos. Este grado de novedad es relativo al equipo de desarrollo y a la organización que lo envuelve: factores como la madurez de la organización y del proceso de desarrollo (medido vía CMMi o algún otro modelo similar), los activos del proceso, las habilidades actuales del personal, la composición y el entrenamiento del equipo y la adquisición de herramientas y otros recursos para el proyecto, son definitivos a la hora de configurar el proceso: si se trata de un sistema nuevo, establezco fases de concepción y de elaboración más largas y más iteraciones en esta última; también hago más énfasis en la captura y administración de requisitos, el modelo de casos de uso, la arquitectura y en la mitigación de riesgos. Entre tanto, para un sistema en evolución, enfatizo en la gestión de cambios y en la incorporación o no de código legado.

Durante la concepción, el ingeniero de procesos elabora el caso de desarrollo, prepara las plantillas y las guías para el proyecto y, con un especialista en tecnología, selecciona las herramientas más adecuadas para el proyecto. Son materias que tienen tanto extensión como profundidad y abordarlas bien podría ser objeto de futuros artículos o libros.

Finalmente, el ingeniero de procesos es al proceso lo que el arquitecto es al sistema.

El Analista de Procesos del Negocio

Hablo de procesos distintos. En el apartado anterior me refería al proceso de desarrollo de software, mientras que en este me refiero al conjunto de procedimientos mediante los cuales una compañía organiza su actividad para conseguir sus objetivos. Cada proceso del negocio se identifica por un repertorio de datos que son elaborados y operados mediante un conjunto de quehaceres, en los que ciertos agentes (trabajadores, proveedores, departamentos, entre otros) interactúan de acuerdo a un flujo de trabajo determinado. Además, estos procesos dependen de un conjunto de reglas de negocio que fijan las políticas y la arquitectura de la información de la empresa.

El analista de procesos del negocio o simplemente analista del negocio es el responsable de definir la arquitectura del negocio y los actores y casos de uso del negocio, lo mismo que la interacción entre ellos. El modelo producido por este analista delimita la organización desde el punto de vista del sistema a desarrollar.

Entender la organización es un aspecto clave en todo desarrollo de software: enterarse de los procesos de negocio, quienes intervienen en su ejecución, sus entradas y sus resultados, como se manejan las excepciones, como se mantiene la integridad de la información y la consistencia entre procesos; también, conocer hacía donde va la organización, las expectativas de los usuarios, la visión que ellos tienen sobre lo que será y no será el negocio en el futuro, al menos, durante el ciclo de vida esperado del sistema.

Ahora bien, idealmente, la construcción de sistemas de software es uno de esos buenos momentos para cambiar procesos de negocio, no porque el negocio tenga que adaptarse al nuevo sistema, sino porque el esfuerzo de revisión de tales procesos puede llegar a ser tan significativo, tan profundo, que se encuentren oportunidades de mejora. Esto, por supuesto, es completa responsabilidad de la organización para la cual se construye el sistema y el área de TI, como buena conocedora de estos procesos, debe apoyar el diseño y la implantación del nuevo modelo y de paso quedar con el nuevo conocimiento para futuros ejercicios de esta índole.

Este trabajo implica tiempo y recursos adicionales considerables que casi nunca son estimados a la hora de emprender un proyecto de tecnología informática, de tal forma que la cautela y el tratamiento efectivo de las expectativas de nuestros clientes son recomendables.

El Gerente del Proyecto

Planea, maneja y asigna recursos, determina prioridades, coordina las interacciones con los usuarios y mantiene el foco del equipo del proyecto. También establece un conjunto de prácticas para asegurar la integridad y la calidad de los entregables del proyecto. Es un orquestador, articula y coordina los movimientos que se den en el proyecto

Es el gerente quien precisamente concibe el proyecto mediante la transformación de una idea inicial a un estado en el que, soportado en razones de peso, pueda tomar una decisión sobre continuarlo o abandonarlo. Para lo que nos ocupa la mayor parte del tiempo, este "abandonarlo" más bien se convierte en "ajustar" algunas condiciones críticas del proyecto, como el tiempo, el talento humano necesario para llevarlo a cabo y, por consiguiente, el presupuesto y la estrategia para alcanzar el éxito.

Durante la concepción, el gerente del proyecto identifica y evalúa los riesgos, elabora un caso de desarrollo e inicia el proyecto. Más adelante, en la misma concepción, planea el proyecto, teniendo en cuenta las métricas, los riesgos, los criterios de aceptación del producto, las tácticas para la resolución de problemas, el proceso de aseguramiento de la calidad, la organización del equipo de desarrollo, los modos de monitoreo y control del proyecto y las fases e iteraciones del mismo. Para ello se alimenta de toda la materia prima que los demás responsables de la concepción le transmitan. Es el gerente quien también decide si se han alcanzado los objetivos de la fase de concepción y si es viable empezar la fase de Elaboración.

Tanto en Concepción, como en el resto del proyecto, el gerente tiene una perspectiva de mediana profundidad para poder izar los hilos del proyecto con mayor propiedad y asegurar, casi como un dogma, que se pueda hacer una entrega, que se pueda avanzar o, si por el contrario, que se deba replantear la técnica y reorientar el enfoque (corregir el rumbo). Y el final de la fase de concepción es buen momento para asegurarnos de la idoneidad (en cuanto talento, competitividad, aptitud) del equipo de desarrollo, de indagar si los miembros del equipo tienen las habilidades y destrezas suficientes, comparten todos la misma visión de lo que vendrá, soportarán la presión, están dispuestos a dar ese "delta de t" (y otros *deltas*) necesarios para triunfar en todo proyecto. Desde este punto de vista, el destino del proyecto, incierto hasta este punto, depende enteramente de su gerente.

En el siguiente capítulo concluiremos con los aspectos más importantes de la fase de concepción.

Referencias

Algunas de las características y conceptos expuestos aquí se basan en la documentación de IBM Rational Unified Process.

1. Diccionario de la lengua española © 2005 Espasa-Calpe S.A., Madrid:

Conceptualización

f. Elaboración detallada y organizada de un concepto a partir de datos concretos o reales.

5. UP: Fase de Concepción, Parte 2

> "¿De dónde viene esto? Esta búsqueda, esta necesidad de solventar los misterios de la vida..., cuando las más simples preguntas nunca han sido contestadas.
> ¿Por qué estamos aquí? ¿Qué es el alma? ¿Por qué soñamos? Puede que sea mucho mejor si dejáramos de buscarlas. Sin investigar, sin anhelar. Esa no es la naturaleza humana. No está en el corazón humano.
> ¡Ése no es el motivo por el que estamos aquí!"
> **Héroes** (Capítulo 1, "Génesis")

Según las creencias de algunas tribus primitivas de la India, la Tierra era una enorme bandeja de té que descansaba sobre tres enormes elefantes, los que a su vez estaban sobre el caparazón de una tortuga corpulenta. En otra geografía, los antiguos egipcios mitificaron el cielo como una versión etérea del rio Nilo, a través del cual el dios Ra (el Sol) navegaba de Oriente a Occidente cada día, regresando a su sitio de partida por los abismos subterráneos donde residen los muertos; para ellos, los eclipses eran inducidos por ataques de una serpiente a la embarcación de Ra.

Así comienzan los proyectos de software: con usa serie de afirmaciones que a veces distan mucho de la realidad. Hacer que la Tierra efectivamente sea redonda, que el cielo sea un reflejo fantástico de las cosas en el cerebro humano y que los eclipses realmente se provoquen a medida que la luz procedente de un cuerpo celeste es bloqueada por otro, es una tarea ardua que requiere de tiempo, de foco, de actitud. Es la faena del Analista del Software.

En términos simples, en la Concepción buscamos un acuerdo con los usuarios sobre lo que hará el sistema. Durante esta fase atendemos cuidadosamente cada palabra de los usuarios, indagamos por el problema y el problema detrás del problema, nos movemos precisamente en el espacio del problema y desde ningún punto de vista pensamos en la solución. Bueno, hasta cierto grado. Una vez que hayamos entendido y acordado esa cuestión, resumida con diligencia en el documento de Visión y Alcance y tengamos claridad sobre el impacto, sobre los afectados y sobre lo que podrían ser los beneficios de una posible solución, entonces nos movemos al espacio de esta, donde consideramos las características mayores del software a producir.

Estas características están en el nivel intermedio entre las necesidades de los usuarios y los requisitos detallados de la solución, de tal manera que constituyen un puente estructural entre las unas y los otros y definen la organización del sistema.

Hacer la transición entre lo que es y lo que será, enfrentarse a la ambiciosa tarea de prever el futuro cercano (¡a veces incierto!) de un proyecto de tecnología informática, con la profundidad y el rigor necesarios para calcar en palabras e imágenes las ideas y los sueños de docenas, quizás de cientos de usuarios, es algo que solo la perspicacia y la sabiduría del Analista del Sistema es capaz de lograr.

El Analista de Requisitos

Gran parte de la responsabilidad del éxito de la fase de Concepción de un proyecto depende del Ingeniero de Requisitos, Analista del Software o Analista de Requisitos.

Analizar el problema de los usuarios comienza con la búsqueda y concertación de un vocabulario común, un glosario que sirva de referencia para todos los interesados en el proyecto, desde los mismos usuarios, los administradores del proyecto, los diseñadores y arquitectos, los programadores, los verificadores y cualquier otra persona que requiera información sobre el proyecto y el producto a construir. En paralelo, el Analista busca actores y casos de uso (el mecanismo último para educir, especificar y administrar los requisitos del software), es decir, quién hará qué en el sistema. Aquí el orden altera el resultado, por eso resalto que primero debemos conocer a los actores que jugarán un papel en el sistema y que luego ubiquemos sus necesidades como organismos primarios de funcionalidad en el software por desarrollar. Uno de los grandes motivos de fracaso en proyectos de software es que al final se encuentran en ellos funciones o módulos completos que nadie solicitó, que nadie necesitaba; también, funcionalidad equivocada. Eso se debe a que no anticipamos con quien o quienes interactuaría nuestro sistema.

El espiral de actividades del Analista se complementa con el desarrollo de la **Visión** del proyecto, condición *sine qua non* para terminar la fase de Concepción. Pero durante ese desarrollo, los Analistas nos enfrentamos a demasiadas posibilidades y muchas de nuestras aseveraciones (a manera de especificaciones) pueden vacilar porque reflejan puntos de vista coartados y hasta extravagantes de una sola persona o de muchas personas que no se ponen de acuerdo entre ellas. Es labor nuestra encontrar a los individuos adecuados, a los representantes apropiados de los usuarios, ojalá con distintos puntos de vista, conocimiento y experiencia, y entrevistarlos para así poder delinear un marco conceptual y temporal en el que esa Visión se lleve a cabo antes de terminar con el presupuesto del proyecto.

Los Analistas pasamos (o deberíamos pasar) de transeúntes pasivos en materia del conocimiento del negocio que nos ocupa a ser coreógrafos activos del proceso previamente expuesto por los usuarios. En un sentido limitado esto quiere decir que primero debemos escuchar. Un Analista que hable mucho en las primeras de cambio con los usuarios corre el riesgo de caer en lo puramente conductivo, o sea, llevar al usuario por donde cree que debería ir, cuando en realidad debe ser él (o ella) quien conduzca su propio destino. Si ya tenemos experiencia en el negocio debemos incluso estar más atentos porque entonces caemos en el **síndrome de la copa medio llena,** cuando en realidad está medio vacía; esto es, el conocimiento previo evita que escuchemos como ávidos observadores las recién descubiertas necesidades de nuestro interlocutor.

Después, cuando haya suficientes exposiciones de los usuarios, finalmente empezaremos a descodificar sus palabras, sus ideas, sus verdades, mediante un proceso de ingeniería que las convierta en expresiones que se puedan ejecutar en un computador, que sean factibles de automatizar. Eso significa entonces que nos hemos convertido en conocedores de ese negocio (o de esa parte específica del negocio), con lo que bien podríamos contribuir al mejoramiento del mismo poniendo de manifiesto las tareas repetitivas, las posibles ambigüedades, las actividades imposibles y las faltantes en el proceso de la organización para la cual desarrollamos el sistema. Eso simboliza ser "coreógrafos activos".

Al definir la visión, es fundamental comprender el marco temporal que tenemos para hacerla realidad. Nos enfrentaremos a diferentes tecnologías, condiciones y personas. Es importante que quede claro qué hará el producto de software, qué no hará y con qué se hará, lo mismo que los riesgos preexistentes.

En la parte final de la Concepción, aceleramos el proceso y disponemos las estrategias y las herramientas para la próxima fase: Elaboración. Nuestro trabajo tendrá grandes repercusiones sobre el resto del proyecto y de las personas involucradas en este. Entrarán el Arquitecto y el Diseñador, lo mismo que el Programador y el Verificador, se crearán las clases y los componentes, se integrarán las partes y finalmente se ensamblará un producto que se pondrá a disposición del usuario que lo concibió.

Pero todo comienza aquí, en la Concepción; en consecuencia, el futuro del proyecto está fijado por la mayor disposición, el mayor y mejor esfuerzo y de la calidad del tiempo y del proceso que usemos en esta fase los Analistas del Software.

De Artefactos y Otros Menesteres Durante la Concepción

El resultado del proceso siempre debe documentarse para que quede una prueba fehaciente y toda la fundamentación de lo que será. UP proporciona algunas herramientas a manera de plantillas, agrupadas en Dominios de Productos de Trabajo, relacionadas unos con otros sobre la base de recursos, temporalidad o interrelación entre ellos, para que podamos concluir nuestro trabajo. En el caso del subdominio de los Requisitos, encontramos:

La Visión y el Alcance. Este artefacto define la vista de los interesados sobre el producto a ser desarrollado, especificado en términos de las necesidades clave de esos interesados y de las características del software. Contiene un perfil o resumen de los requisitos centrales visionados (el corazón o núcleo del sistema) y de esta forma suministra la base contractual para los requisitos técnicos más detallados. En breve, el documento de Visión captura la esencia de la solución imaginada en forma de requisitos de alto nivel y restricciones de diseño que dan al lector una visión del sistema a ser desarrollado desde una perspectiva de requisitos de comportamiento. Además, facilita una entrada al proceso de aprobación del proyecto y está, de esta forma, íntimamente relacionado con el Caso del Negocio. El documento de Visión comunica también la pareja "por qué y qué" fundamental del proyecto y es un indicador contra el cual todas las decisiones futuras deberían ser validadas. Otro nombre usado para este artefacto es el **Documento de Requisitos del Producto**.

En general, este documento está escrito usando un léxico del dominio de los usuarios líderes y finales del sistema y son ellos quienes en última instancia establecen la completitud y la exactitud del artefacto.

El responsable directo, el hacedor de este documento es el Analista del Software.

La Especificación de Requisitos del Software. Por su parte, este artefacto captura los requisitos del software para todo el sistema o para una porción de él. Se enfoca en la recolección y organización de todos los requisitos alrededor del proyecto, tanto funcionales (lo que hace el sistema) como los no funcionales (aquellos aspectos de usabilidad, confiabilidad, desempeño, escalabilidad y restricciones de diseño, implementación y despliegue del software que afectan el producto). Cuando no se usa la técnica de los casos de uso, es en este documento donde consignamos el semblante funcional del sistema tal cual será implementado posteriormente. Si usamos casos de uso, en cambio, dejamos aquí el detalle de aquellos requisitos transversales y reusables del software, aquellos que se usan en distintos ámbitos del producto. En cualquier caso, los requisitos no funcionales encuentran aquí su repositorio absoluto, aunque en ocasiones estos requisitos son expuestos en un Documento de Especificaciones Suplementarias, que también puede incluir requisitos legales y regulatorios, lo mismo que el uso estándares de distinto tipo.

Como antes, el garante inmediato, el productor de este documento es el Analista del Software.

Sin embargo, muchas personas en el equipo del proyecto usan la Especificación de Requisitos del Software:

- Los diseñadores lo usan como referencia al definir responsabilidades, operaciones y atributos en las clases y cuando ajustan las clases al entorno de implementación.

- Los programadores referencian el documento buscando insumos para la implementación de clases.

- El gerente del proyecto lo usa para planear las iteraciones.

- Los verificadores lo usan para definir las pruebas que serán requeridas.

La Especificación del Caso de Uso. No me extenderé en este apartado. Toda la segunda parte de este libro está dedicada a este aspecto.

Algunos otros artefactos importantes durante la Concepción y el resto del proyecto, que bien podrían hacer parte de uno de los anteriores o simplemente poseer su propio repositorio, son:

- El Glosario, que define términos importantes usados en el proyecto; constituye el carácter léxico-gráfico del proyecto y del producto.

- Los Atributos de los Requisitos, que describe los atributos de y dependencias (trazabilidad) entre los requisitos, importantes a la hora de administrar los cambios desde la perspectiva de los requisitos.

- El Plan de Manejo de Requisitos, que describe los artefactos de requisitos usados en el proyecto, los tipos de requisitos y sus atributos respectivos, especificando la información a recolectar y los mecanismos de control a ser usados para medir, reportar y controlar los cambios a los requisitos del producto.

Por último, pero no menos importante, está el Modelo de Casos de Uso, que sirve como un medio de comunicación y como un contrato entre el usuario líder, los usuarios finales y los desarrolladores sobre la funcionalidad del sistema (y estoy usando el término desarrolladores en un sentido amplio con el que denoto realmente a todos los miembros del equipo del proyecto). El modelo de casos de uso permite que los usuarios validen que el sistema será lo que ellos esperan y que los desarrolladores construyan lo que se espera del producto. Este modelo está compuesto de casos de uso y de actores y de las relaciones entre ellos. Por supuesto, va más allá de un simple diagrama.

También están la Lista de Riesgos, el Plan de Desarrollo de Software (que incluye como mínimo el Plan Maestro de Iteraciones y la Agenda del proyecto) y el Plan de Pruebas cuya responsabilidad recae más sobre el Gerente del Proyecto u otros integrantes del equipo de desarrollo.

Quiero aclarar que el hecho de que no haga el mismo énfasis en estos últimos artefactos que en los primeros no quiere decir que estos sean menos relevantes que aquellos. Es una mera cuestión de espacio y de tiempo. Quizás en otra ocasión, en otro libro, aborde con más detalle algunos de estos documentos. Lo que sí es importante tener en cuenta es que la elaboración de uno o más de estos documentos (de todos los que he expuesto) depende del tipo de proyecto: si el proyecto es grande, requiere de más rigor documental y de más contratos y puesto que más personas estarán interesadas, la necesidad de usar cada artefacto por separado es mayor. En proyectos pequeños, de menos carácter ceremonial, varios de estos artefactos se pueden combinar en uno solo pero a la postre el resultado será el mismo.

Sobre la Arquitectura Preliminar

Ninguna disertación sobre el Inicio de un proyecto estará completa sin hablar de la Arquitectura Candidata. Por allá en la segunda mitad de la fase, el Arquitecto del Software recibe del Analista los insumos necesarios para abordar la Solución. Esta se expresa en términos de vistas o perspectivas, empezando por la vista funcional, arquitectura funcional o vista de casos de uso; esta es un compendio de los casos de uso que precisamente "definen" la arquitectura, o son los más complejos arquitectónicamente (y la **complejidad** es un asunto espinoso sobre el que únicamente un arquitecto tiene potestad). El arquitecto incluso puede desviar la atención del analista hacia un grupo distinto de casos de uso y solicitar el detalle de estos para validar efectivamente dicha complejidad. También puede requerir el diseño e implementación de una o más pruebas de concepto arquitectónicas con el ánimo de comprobar la factibilidad técnica de implementar una parte del software que se prevé problemática o en la que no se tiene experiencia anterior.

En un mundo ideal, es deseable que el arquitecto proponga más de una arquitectura candidata y que sea un comité (de arquitectos o de varios miembros del equipo desarrollador) el que decida más adelante (durante la Elaboración) cuál es la mejor alternativa para las necesidades actuales.

En el Final

Cuando un proyecto de Tecnología Informática comienza **no** damos cuenta del abismo colosal de realidad inexplorada que se expande ante nuestras mentes. La búsqueda inicia aquí y es nuestro compromiso revelar esas ambiciones y estrechar las contingencias de los usuarios, concebir la solución, pasar de observadores pasivos de una organización a ser coreógrafos activos de su proceso o, al menos, de parte de él. A medida que nuestro conocimiento de ese proceso aumenta, se abre la posibilidad de construir mejores artilugios de cómputo para los usuarios. Y salvo que se produzca una catástrofe natural (que en este contexto quiere decir que se **desborden** los sueños de los usuarios, o que dejemos que esa visión rebase la capacidad técnica y presupuestal del proyecto), o un colapso ocasionado por factores que van más allá de lo técnico y caen en lo legal o regulatorio, estamos en camino de alcanzar, en un marco de tiempo más o menos previsible (¡estimable!), la implantación de un producto de software de alta calidad que satisfaga o resuelva las necesidades elementales de nuestros usuarios.

Y lo que hará que esto sea posible es la configuración y el seguimiento de un proceso de Ingeniería maduro para las características específicas de ese proyecto en particular. En última instancia, haremos que sea permisible plasmar nuestra meta si disponemos de las herramientas y técnicas más o menos como lo he expuesto en estos capítulos. El aprovechamiento de ellas (de las herramientas y de las lecciones de este libro) es el primer paso para convertirnos en mejores profesionales de la Ingeniería del Software.

Referencias

Algunas de las características y conceptos expuestos aquí se basan en la documentación de IBM Rational Unified Process.

6. Orientación a Objetos: Un Enfoque Teórico Moderno (Actualizado)

"Cuando la Generación-Net alcance la mayoría de edad, el mundo será más pequeño e infinitamente más complejo. No tenemos idea de cuáles problemas afrontarán estos jóvenes, cuáles serán sus sueños, ni qué nuevas y audaces soluciones idearán. Pero una cosa es segura: la democracia tal como la conocemos se acabará. Quizás debamos adoptar una actitud seria desde ahora y replantear nuestra noción sobre el gobierno y el significado de la libertad."

Don Tapscott (Creciendo en un Entorno Digital)

Introducción

En Ingeniería del Software, la **clase** es la unidad esencial que forma a todo sistema de software. Es además la estructura sistémica y funcional fundamental del software en actividad, capaz de ejecutarse independientemente como entidad mono-funcional (como un servicio), o bien, hacer parte de una formación mayor, como instrumento multifuncional. La clase presenta dos modelos básicos: abstracto y concreto. Su organización general comprende: identificador de la clase o nombre, atributos o propiedades y operaciones o métodos.

La teoría de la orientación a objetos o simplemente orientada-a-objetos es la base sobre la que se sustenta gran parte de la Ingeniería del Software. Todos los elementos utilitarios que forman los productos de software moderno están formados por clases.

El concepto de clase como unidad orgánica (en el sentido de **estructural**) y funcional de los sistemas de software surgió hará apenas unos cuarenta años, cuando el término "orientado-a-objetos" fue usado por primera vez.

> "En Utah, en algún momento después de Noviembre del 66 cuando, influenciado por Sketchpad, Simula, el diseño para la ARPAnet[2], el Burroughs B5000 y mi conocimiento en Biología y Matemáticas, empecé a pensar en una arquitectura para la programación. Y fue probablemente en 1967 cuando alguien me preguntó qué estaba haciendo y le respondí: "Es programación orientada-a-objetos"."[3]

Posteriormente, en los años setenta, el Grupo de Investigación en Aprendizaje (*Learning Research Group*) de XPARC (*Xerox Palo Alto Research Center*) con el Dr. Alan Kay a la cabeza, desarrolló SmallTalk, el primer lenguaje de programación orientado-a-objetos nativo que fue liberado a principios de los ochenta a toda la comunidad de desarrolladores. Algunas leyes[4] o primitivas subyacen el desarrollo del lenguaje:

1. Cualquier cosa es un objeto

2. Los objetos se comunican enviando y recibiendo *mensajes* (en términos de objetos)

3. Los objetos tienen su *propia memoria* (en términos de objetos)

4. Cada objeto es una instancia de una *clase* (la cual puede ser un objeto)

5. La clase contiene el *comportamiento* compartido para sus instancias (en la forma de objetos en un programa)

6. *Para evaluar un programa, el control se pasa al primer objeto y el resto es tratado como su mensaje.*

Hoy, todos los lenguajes de programación implementan esas leyes y como programadores deberíamos tenerlas siempre presente a la hora de escribir un programa.

Más tarde se crearon lenguajes como C++, Eiffel y Oberon. En los noventas, Java y hace apenas unos años, ya en este milenio, C# (C *Sharp*), alrededor de los cuales se han establecido los postulados de la teoría orientada-a-objetos, que afirma, entre otras cosas, que la clase (el objeto) es una unidad morfológica (desde el punto de vista sistémico) de todo sistema de software.

Biología Informática

La **célula** es la unidad fundamental de los organismos vivos, generalmente de tamaño microscópico, capaz de reproducción independiente y formada por un citoplasma y un núcleo rodeados por una membrana.[1]

Una célula está compuesta por un Núcleo, el organillo más ilustre en la mayoría de células animales y vegetales. En el núcleo, las moléculas de ADN y proteínas están estructuradas en cromosomas normalmente dispuestos en pares iguales. El ADN del interior de cada cromosoma es una molécula indivisible larga y arrollada que contiene cadenas lineales de genes. Estos encierran a su vez instrucciones codificadas para la construcción de las moléculas de proteínas y ARN necesarias para producir una copia funcional de la célula, ¡el mismísimo milagro de la vida!

Los otros componentes de la célula son el Citoplasma y el Citosol. El primero comprende todo el volumen de la célula, salvo el núcleo. Engloba numerosas estructuras especializadas y orgánulos. El otro es la solución acuosa concentrada en la que están suspendidos los orgánulos.

Les estoy contando todo esto precisamente porque una analogía muy útil para una célula (biológica) es un objeto (informático). Los objetos tienen instrucciones codificadas dentro de ellos llamadas métodos (o procedimientos o funciones). Los programas en los objetos son análogos a la programación genética en el DNA dentro de las células. El DNA se subdivide en unidades funcionales llamadas genes; estas unidades corresponden a los atributos (o variables) en el objeto. Un objeto también tiene un metabolismo: consume memoria de acceso aleatorio (léase RAM) o hasta de solo lectura (ROM).

Tanto los programas en las células como los métodos en los objetos pueden ser 1) copiados y 2) ejecutados. Algunas de las proteínas creadas cuando un programa genético se ejecuta corresponden a los resultados o salidas de los procedimientos y funciones del objeto. Pero otras proteínas son más análogas a los componentes de la clase o a las interfaces de la misma con el entorno. Por supuesto, los objetos no crean sus propios métodos o sus interfaces, lo hacen los programadores; la analogía no es perfecta.

De hecho, nada en los objetos es análogo a la reproducción de una célula. Una célula puede crear una copia completa de sí misma; esta célula contiene las instrucciones completas (programas) y la maquinaria celular (hardware) necesarias para reproducirse por sí misma. Un objeto no puede crear una copia de sí mismo... ¡hasta ahora! Le hacen falta los mecanismos necesarios (pero puede ser capaz de reproducir su conjunto de instrucciones respondiendo a un mensaje de su entorno, por ejemplo.) Un objeto que pueda reproducirse por sí mismo sería mejor descrito como un robot-software auto-reproductor. Tal cosa es concebible, pero no existe hoy.

Una criatura municeldada es como un diagrama de clases. Se requiere de una arquitectura orientada a objetos, paralela, a gran escala para operar criaturas municeldadas tales como mamíferos con billones o trillones de celdas, todas trabajando en armonía, cada una haciendo su tarea. El sistema nervioso y el sistema hormonal son dos importantes sistemas en red usados por los mamíferos.

Cambiar la forma en que un objeto trabaja requiere de novedosos y más avanzados algoritmos. Algunas veces un programador puede simplemente codificar un conjunto nuevo de órdenes de Inteligencia Artificial: el objeto reconoce el nuevo método o procedimiento, acepta su nuevo código y lo usa. Otras veces, reprogramar un objeto es más traumático. Las nuevas funciones pueden tener "errores"; puede no ser compatible desde el punto de vista de la lógica con el comportamiento existente en el objeto; se pueden llegar a necesitar parches adicionales; se puede introducir un virus de computador; o puede causar que el todo el objeto, y con ello el sistema del que hace parte, colapse sin explicación.

La evolución biológica sucede cuando las células son reprogramadas. De una forma u otra, los nuevos programas genéticos son instalados y activados. ¿Cómo se consigue instalar y activar nuevo software genético? ¿Y de dónde viene? Estas son algunas de las preguntas que la Cósmica Ancestral[22] intenta responder.

Mientras encontramos estas y otras respuestas fundamentales, volvamos a nuestro hemisferio.

Conceptos Fundamentales

Una *suite* de conceptos, unos básicos o fundamentales, otros más avanzados, desde el punto de vista de la semántica, son necesarios para entender la teoría de la orientación a objetos.

Definición 22: Clase. Una descripción de un conjunto de objetos que comparten los mismos atributos, operaciones, métodos, relaciones y semántica. Una clase puede usar un conjunto de interfaces para especificar colecciones de operaciones que ella proporciona a su entorno.[5]

[1] Una clase puede ser vista como una plantilla o molde, un prototipo funcional, a partir del cual se pueden crear o instanciar un conjunto de elementos con las mismas características y comportamientos llamados Objetos. La clase es la unidad básica, el equivalente de la célula en el ser humano, que forma todo sistema de software. Una clase representa un grupo de datos y la manipulación de estos datos. Como piezas de datos, las clases pueden ser manipuladas. Sin embargo, como procedimientos, las clases también describen la manipulación. La información se manipula enviando un mensaje a la clase que representa la información.

[2] Tiene sentido: puesto que un sistema de software es una herramienta para manipular información, las clases son esos diminutos corpúsculos, invisibles, que forman un sistema de software. Para los propósitos de este artículo, estoy usando una definición muy amplia de información.

[3] **Definición 23: Información**. Una representación o descripción de algo.[6] Hay muchos tipos de información que describen diferentes cosas en formas diversas. Uno de los grandes sucesos en la computación fue el hecho de que la información podía, entre otras cosas, describir la manipulación de la información. Este tipo de información es llamada software.

[4] En el mundo real, los seres humanos no concebimos una estructura (una cosa) sin pensar al mismo tiempo en el comportamiento que presenta o puede presentar esa estructura (esa cosa). Esta fue la premisa que alimentó la investigación del LRG en XPARC. Y debería ser el punto de partida en el desarrollo de

cualquier producto de software. Es el orden natural de las cosas: las clases, al menos las primeras que aparecen de la mano de los usuarios, provienen precisamente del mundo real que, en términos del ciclo de vida o del proceso de desarrollo, constituyen lo que se llama el modelo de dominio. Alrededor de estas clases aparecen otras, durante el análisis y el diseño del software, que apoyan la operación "automatizada" de las primeras.

[5] Ejemplos de clases típicas son: Proveedor, Cliente, Factura, Producto, Contrato, Pago (vemos una clase puede representar Personas, Cosas o Artefactos y Operaciones transaccionales). Cada una de estas clases tiene un conjunto de atributos o valores o características y un conjunto de métodos o procedimientos. En el caso de Contrato, por ejemplo, los atributos clave serían Número del Contrato, Fecha de Contrato, Valor del Contrato, Objeto del Contrato, Contratante, Contratista, Modalidad del Contrato, entre otros; algunas operaciones que se pueden hacer con el contrato son: Abrir Contrato, Cancelar Contrato, Suspender Contrato, Cerrar Contrato, Extender Contrato, Pagar Contrato. Son operaciones inherentes al negocio, del dominio dentro del cual una organización rige su negocio.

Definición 24: Modelo de Dominio. Un modelo de dominio es un modelo del dominio o campo dentro del cual una Empresa conduce su negocio. El Modelo de Dominio para una Empresa debería ser el mismo que para cualquier otra Empresa que conduzca el negocio en el mismo dominio. Cuando bajamos a niveles más detallados, personas distintas tienen diferentes ideas acerca de lo que constituye un Modelo de Dominio.

Un modelo de dominio puede verse como un modelo conceptual de un sistema el cual describe las distintas entidades involucradas en ese sistema y sus relaciones. El modelo de dominio es creado para documentar los conceptos clave y el vocabulario del sistema. El modelo muestra las relaciones entre las entidades principales dentro del sistema y usualmente identifica sus métodos y atributos importantes. Esto significa que el modelo proporciona una vista estructural del sistema el cual es complementado por las vistas dinámicas en el modelo de casos de uso. Un beneficio importante de un modelo de dominio es describir y restringir el alcance del sistema.

El modelo de dominio puede ser usado a bajo nivel en el ciclo de vida del desarrollo del software desde que la semántica del mismo puede ser usada en el código fuente. Las entidades se convierten en clases, mientras que los métodos y atributos pueden llevarse directamente al código fuente; los mismos nombres típicamente aparecen en el código fuente.

El modelo de dominio es uno de los artefactos centrales en las más importantes metodologías o procesos de desarrollo de software existentes. En UML, un diagrama de clases se usa para representar el modelo de dominio.

Todas las clases mencionadas en el apartado anterior son clases típicas que conforman un modelo de dominio. Para entender mejor, citemos algunas clases que no harían parte de ningún modelo de dominio: la Clase de Acceso a Datos, El Manejador de Errores (llamado también Controlador de Errores), la clase Usuario (en un contexto de seguridad), El Controlador de Transacciones, la clase de Auditoria, entre muchas otras que hacen parte del diseño de la solución y están fuera del dominio del problema.

Definición 25: Objeto. Una entidad con un límite bien definido e identidad que **encapsula** un *estado* y un *comportamiento*. El estado se representa por los *atributos* y las *relaciones*, mientras que el comportamiento se manifiesta por las *operaciones*, *métodos* y las *máquinas de estado*. Un objeto es una instancia de una clase. [7]

Un objeto es una entidad individual que satisface la descripción de una clase o tipo.

Definición 26: Instancia. Es una manifestación concreta de una abstracción a la cual un conjunto de operaciones puede aplicarse y que tiene un estado que almacena los efectos de las operaciones.[8] Instancia y Objeto son básicamente sinónimos.

Una clase puede derivar muchas instancias. Dicho de otra manera, en un momento determinado se pueden crear una o más instancias u objetos de una clase. El número de instancias creadas a partir de una clase está limitado únicamente por la cantidad de memoria disponible en el computador donde se esté ejecutando la aplicación que usa la clase.

Cada objeto se diferencia del otro por los valores de sus atributos. Este conjunto de valores forman el **Estado del Objeto**, único para cada instancia. Y observen que estoy usando los términos Instancia y Objeto indistintamente para referirme a lo mismo.

Definición 27: Operación. Un servicio que puede ser requerido desde un objeto para afectar su comportamiento. Una operación tiene una firma, que puede restringir los parámetros reales que son posibles. En otras palabras, una operación es una abstracción de algo que se puede hacer a un objeto que es compartido por todas las instancias de la clase.[9]

Una clase puede tener cualquier número de operaciones o ninguna operación. Por ejemplo, en una librería de ventanas como la que se encuentra en el paquete *awt* de Java, todos los objetos de la clase *Rectangle* pueden moverse, cambiar de tamaño o ser consultados sobre el valor de sus propiedades.

Muchas veces (pero no siempre), invocar una operación sobre un objeto cambia los datos o estado del objeto. En la Orientación a Objetos, una operación recibe comúnmente el nombre de método y en los lenguajes de programación se pueden clasificar en procedimientos y funciones.

En general las clases incluyen algunas operaciones comunes para Crear (*create* o *new*) o Destruir (*Destroy* o *Release* o *Dispose*) una instancia.

Además, las operaciones pueden ser públicas, es decir, visibles desde el exterior de la clase, o privadas, las que están disponibles solamente para los objetos de la clase.

Un término bastante relacionado con Operación es Mensaje.

Definición 28: Mensaje. Una especificación de una comunicación entre objetos que transmite información con la expectativa de iniciar una actividad; el recibo (la recepción) de una instancia de un mensaje es considerada normalmente una instancia de un evento. [10]

Los mensajes se establecen vía el conjunto de operaciones públicas de una clase.

Definición 29: Protocolo. El conjunto de mensajes a los que un objeto puede responder. [11]

Como programadores, lo primero que debemos preguntarnos es cuál será el protocolo de la clase a programar y cuál es el protocolo de la(s) clase(s) relacionadas. Son estos protocolos los que permiten poner en movimiento un proceso (automático), los que permiten el flujo de información y mantener en ejecución por tiempo indefinido un sistema de software.

Definición 30: Interface. Una colección de operaciones que son usadas para especificar un servicio de una clase o de un componente. [12]

La Interface es el mecanismo que usan los lenguajes de programación para implementar un Protocolo.

Definición 31: Atributo. Un atributo definido por una clase representa una propiedad nombrada de la clase o sus objetos. Un atributo tiene un tipo que define el tipo de sus instancias. [13]

El conjunto de atributos de una clase constituye su Estructura y los valores de esos atributos en un instante dado representan el **Estado** del objeto.

Normalmente los atributos o propiedades de una clase están ocultos al mundo exterior, es decir, al resto de clases o de entidades que forman un sistema. Solamente se puede acceder a los valores de tales propiedades a través de métodos de la clase dispuestos para tal fin. Algunos de estos métodos son especializados y únicamente son capaces de asignar o "recordar" (leer) el valor de una propiedad, otros lo hacen mediante operaciones o transacciones más o menos complejas. Hay atributos que solo pueden ser vistos por las operaciones de la clase, otros pueden ser vistos además por las clases "hijas" en una jerarquía de clases (ver **Herencia**).

Sin embargo, la mayoría de los lenguajes de programación implementan mecanismos para que desde el exterior de un objeto, o sea, desde otros objetos se pueda acceder directamente a los valores de las propiedades de una clase. Esto se hace para mejorar el desempeño de las aplicaciones en varios sentidos aunque deberíamos evitar el uso de estos mecanismos tanto como sea posible.

Definición 32: Relación. Es una conexión semántica entre elementos de un modelo. Ejemplos de relaciones incluyen asociaciones y generalizaciones.[14]

Las relaciones son los elementos encargados de darle vida a un modelo. Por sí solos, los demás componentes de un modelo como las clases no son capaces de hacer mucho (tal como muchos organismos unicelulares que actúan simplemente como parásitos) y es a través de relaciones como la Asociación, la Composición, la Agregación y la Generalización que se pone un modelo en ejecución.

Como regla general, todas las clases del dominio deberían estar relacionadas entre sí, sin embargo, el número de relaciones entre una clase y otras del modelo debería mantenerse al mínimo, lo que permitirá a su vez una baja dependencia entre el subsistema a los que pertenece una clase y los subsistemas a los que pertenecen las clases relacionadas. Esto se llama el Principio o Patrón de **Bajo Acoplamiento**.

Definición 33: Asociación. Una asociación es una relación estructural que especifica que objetos de una cosa están conectados con objetos de otra. Dada una asociación que conecta dos clases, podemos relacionar objetos de una clase con objetos de la otra clase. Es legal tener ambos extremos de una asociación sobre la misma clase, de manera circular. Esto significa que, dado un objeto de la clase, podemos enlazar a otros objetos de la misma clase. Una asociación que conecta exactamente dos clases se llama una asociación binaria. Aunque no es común, podemos tener asociaciones que conectan más de dos clases; éstas son llamadas asociaciones n-arias. Usamos asociaciones cuando queremos mostrar relaciones estructurales.[15]

En principio, durante las etapas de Análisis, todas las clases del dominio deberían estar "asociadas" entre sí. Más adelante, hacia el final del análisis y en el diseño, algunas asociaciones se pueden convertir en otro tipo de relaciones y las que permanecen como asociaciones se deben cualificar.

La cualificación de una relación como la asociación se logra mediante la cardinalización de ambos extremos de la relación, lo mismo que con el nombramiento, en ambos sentidos, de la misma. Por ejemplo, en un sistema típico tanto la entidad

Cliente (de una Compañía) como la entidad Proveedor (de la misma Compañía) tienen alguna forma de relación (de asociación) con la entidad Producto. Pero a todas luces se evidencia la diferencia existente en la relación entre Proveedor y Producto que entre Cliente y Producto.

El Proveedor "vende" o "provee" de productos a la compañía, mientras que el Cliente "compra" o es "surtido" de productos por la compañía. En este contexto, "proveer", "vender", "comprar" y "surtir" son nombres representativos de asociaciones.

A su vez, es probable que un Proveedor suministre uno o más productos a la compañía (y hasta puede suceder, por políticas de la compañía –regla del negocio-, que quizás haya un máximo número de productos que un proveedor pueda suministrar, por ejemplo, 5). También puede ocurrir que para ser considerado como tal, un Cliente de la compañía deba comprar o adquirir mínimo 2 productos y máximo 12. Estos rangos (uno o más productos, 1 a 5, 2 a 12) hacen parte de la cardinalidad de las asociaciones.

Definición 34: Generalización. Es una relación entre un tipo general de una cosa (llamada la superclase o padre) y un tipo más específico de cosa (llamada la subclase o hija). Algunas veces, la generalización es llamada una relación "es-un-tipo-de": una cosa (como la clase *CuadroDeDialogo*) es-un-tipo-de una cosa más general (por ejemplo, la clase Ventana). Un objeto de una clase hija puede ser usado para una variable o parámetro tipificado por el padre, pero no a la inversa. En otras palabras, la generalización significa que la hija es sustituible para una declaración del padre. Una hija hereda las propiedades de sus padres, especialmente sus atributos y operaciones. Muchas veces pero no siempre la hija tiene atributos y operaciones en adición a los encontrados en sus padres. Una implementación de una operación en una hija anula una implementación de la misma operación del padre;

esto se conoce como **polimorfismo**. Para ser la misma, dos operaciones deben tener la misma firma (mismo nombre y parámetros). Use generalizaciones cuando quiera mostrar las relaciones padre/hija.[16]

La generalización es una relación taxonómica entre un elemento más general y un elemento más específico. El elemento más específico es totalmente consistente con el elemento más general y contiene información adicional. Una instancia del elemento más específico puede usarse donde el elemento más general es permitido.

Definición 35: Herencia. Es el mecanismo que hace posible la generalización; un mecanismo para crear descripciones completas de clases a partir de segmentos de clases individuales.[17]

En Orientación-a-Objetos, dada una clase, con unas características y un comportamiento bien definidos, se puede crear una jerarquía de clases, en donde cada clase de la jerarquía "hereda" los atributos y las operaciones de todos sus ancestros. El elemento hereditario además puede tener características y comportamiento propios o adicionales a los de los demás miembros de la estructura taxonómica a la que pertenece.

La herencia aparece cuando tipificamos o clasificamos elementos de un modelo, cuando decimos que este elemento "es-una-clase-de" o "es-un-tipo-de". Por ejemplo un (Animal) Mamífero es una clase de Animal, un Automóvil es un tipo de Transporte Terrestre, un Vendedor es una clase de Persona, una Factura es una clase de Documento.

Definición 36: Agregación. Una asociación plana entre dos clases representa una relación estructural entre pares, lo que significa que ambas clases están conceptualmente al mismo nivel, ninguna es más importante que la otra. Algunas veces queremos modelar una relación "todo/parte" en la que una clase representa una cosa más grande (el "todo"), que consiste de cosas más pequeñas (las "partes"). Este tipo de relación se llama agregación, que representa una relación "tiene-un" que significa que un objeto del todo tiene objetos de la parte. La agregación es realmente una clase especial de asociación.[18] Una de las grandes diferencias de la Agregación con la Asociación es que las instancias no pueden tener relaciones de agregación cíclicas, es decir, una parte no puede contener al todo.

La agregación se convierte en un concepto simple con alguna semántica moderadamente profunda. La agregación simple es enteramente conceptual y no hace nada más que distinguir un "todo" de una "parte". La agregación simple no cambia el significado de la navegación a través de la asociación entre el todo y sus partes, ni enlaza los ciclos de vida del todo y de sus partes.

La multiplicidad de la parte agregada no puede ser mayor a 1, esto quiere decir que no es compartida.

Definición 37: Composición. Hay una variación de la agregación simple, la composición, que adiciona cierta semántica importante. La composición es una forma de agregación con propiedad fuerte y ciclos de vida coincidentes como parte del todo. Partes con multiplicidad no fija pueden ser creadas después del compuesto mismo, pero una vez creadas viven o mueren con ella. Tales partes también pueden ser explícitamente removidas antes de la muerte del compuesto.[19] A la Composición también se le conoce como Agregación Compuesta.

Esto significa que, en una agregación compuesta, un objeto puede ser una parte de solo un compuesto a la vez. Por ejemplo, en un sistema de Ventanas, un *Marco* pertenece a exactamente una Ventana. Esto contrasta con una agregación simple en la que una parte puede ser compartida por varias partes. Por ejemplo, en el modelo de una casa, una Pared puede ser una parte de uno o más objetos *Cuarto*.

Además, en una agregación compuesta el todo es responsable por la disposición de sus partes, lo que significa que el compuesto debe manejar la creación y destrucción de sus partes. Por ejemplo, cuando creamos un *Marco* en un sistema de ventanas, debemos adicionarlo a una Ventana. Similarmente, cuando destruimos una Ventana, el objeto Ventana debe a su vez destruir sus partes *Marco*.

El control que mantiene el "todo" con la "parte" puede ser directo o transitivo, o sea, el "todo" puede tener la responsabilidad directa de crear o destruir la "parte" o puede aceptar una parte previamente creada y más tarde pasarla a algún otro "todo" que asuma la responsabilidad por esa "parte".

Un objeto puede ser parte de solamente un compuesto a la vez. Si el compuesto es destruido, este debe destruir todas sus partes o pasar la responsabilidad de ellos a algún otro objeto. Un objeto compuesto puede ser diseñado con el conocimiento de que ningún otro objeto podrá destruir sus partes.

Un ejemplo típico de una composición es el del Automóvil: las puertas, la carrocería, las llantas y el motor, por sí solos pueden no tener ninguna utilidad (funcionalidad), pero compuestos, bien podríamos tener un (objeto) buen automóvil que nos presta una mayor utilidad (funcionalidad), seguramente mayor que la suma de sus partes.

Definición 38: Polimorfismo. Generalmente, la habilidad aparece de muchas formas. En programación orientada-a-objetos, el polimorfismo se refiere a la habilidad de un lenguaje de programación de procesar objetos de manera diferente dependiendo de su tipo de dato o clase. Más específicamente, es la habilidad de redefinir métodos para clases derivadas.[20] Por ejemplo, dada una clase base *Figura_Geometrica*, el polimorfismo habilita al programador para definir métodos *CalcularArea* diferentes para cualquier número de clases derivadas, tales como círculos, rectángulos y triángulos. Sin importar de qué forma es un objeto, aplicarle el método *CalcularArea* retornará los resultados correctos. El polimorfismo es considerado un requisito de cualquier lenguaje de programación orientado-a-objetos (OOPL).

En otras palabras, dada una jerarquía de objetos, cada objeto implementa su(s) comportamiento(s) de acuerdo a sus características. La operación para calcular el área de un triángulo (Base X Altura / 2) es diferente de la operación para calcular el área de un círculo (π X Radio^2) porque evidentemente tienen atributos distintos como bien sabemos.

Definición 39: Abstracción. Es un mecanismo y práctica para reducir y factorizar los detalles de tal manera que podamos enfocarnos en unos pocos conceptos al tiempo.[21]

El concepto se da por analogía con la abstracción matemática. La técnica matemática de abstracción comienza con definiciones matemáticas; esto tiene el efecto afortunado de afinar algunos de los aspectos filosóficos molestos de abstracción. Por ejemplo, tanto en computación como en matemáticas, los números son conceptos en los lenguajes de programación, tal como se encuentran en las matemáticas. Los detalles de implementación dependen del hardware y del software, pero esto no es una restricción porque el concepto computacional de número todavía está basado en el concepto matemático.

La abstracción puede aplicarse tanto al control del proceso como a los datos manipulados por el proceso. La abstracción de control es la abstracción de acciones mientras que la abstracción de datos aplica a las estructuras. Por ejemplo, la abstracción de control en programación orientada a objetos tiene que ver con el uso de métodos, interfaces y clases genéricas. La abstracción de datos permite el manejo de datos de maneras significativas. Por ejemplo, es la motivación básica detrás de los tipos de datos. Finalmente, la Programación orientada-a-objetos puede verse como un intento de abstraer tanto el dato como el código.

¿De dónde surgen los objetos?

Parece justo, al menos para mí, terminar esta disertación sobre orientación a objetos con un aspecto del que tengo algún conocimiento: la Gramática, en particular, y el lenguaje, en general. Por supuesto no hablo de C#, Java o C++, algunos de los lenguajes de programación más ampliamente usados hoy, estoy hablando del idioma Español.

Luego de tener un manifiesto con los requisitos del sistema (y por sistema también quiero decir un módulo, un subsistema, un proceso, un modelo), expuestos en distintos artefactos como un documento de visión, un glosario, una descripción detallada de esos requisitos, un conjunto finito de casos de uso o de historias de usuarios, entonces procedemos a realizar un análisis sintáctico, pero no de esos que hacen los compiladores, no. Estoy hablando de una exploración minuciosa de todas y cada una de las frases del manifiesto y hacer una tabla con los sustantivos, los verbos, los adjetivos, los adverbios. Si por algunos designios del destino hemos olvidado lo que es un Predicado o lo que es un Adverbio de Lugar, entonces hay que volver a sacar el libro Español y Literatura de nuestra queridísima maestra Lucila González de Chávez y repasar algunos detalles sobre el tema.

Los sustantivos son clases o atributos potenciales (en este período mesozoico del proceso todavía no somos capaces de acertar en el primer intento sobre que elemento de nuestras fuentes documentarias es que elemento de nuestro modelo objetual). Entre tanto, los verbos son métodos potenciales (incluso, podrán llegar a ser procedimientos almacenados o *triggers* de la base de datos).

¿Y los adjetivos y los adverbios dónde se quedan? Un adjetivo califica al sustantivo (hay muchas clases de adjetivos), le da un valor, esa es la clave: si finalmente nuestro sustantivo es una propiedad, el adjetivo posiblemente sea su valor predeterminado, mientras que si es una clase, el calificativo será una instancia. Por su parte, el adverbio califica al verbo (¿recuerdan? Adverbios de modo, de lugar, de tiempo, demostrativos, relativos, interrogativos, de cantidad e intensidad), una teoría lingüística interesante y profunda que si la conocemos bien nos ayudará a encontrar cuál es el desempeño que se quiere para el método (adverbio de modo), dónde se ejecuta el método (adverbio de lugar) – quizás nos diga de qué clase es, en qué capa de la arquitectura va, si puede ser un *trigger* o no y cuándo se ejecuta (adverbio de tiempo), algunos criterios funcionales (adverbios demostrativos, relativos, interrogativos), cuál es la frecuencia de ejecución (adverbios de cantidad e intensidad), y hasta pueden llegar a ser argumentos del método en cuestión.

El tema tiene tanto de ancho como de profundidad y no quiero extender más este capítulo, así que los invito a que revisen la extensa literatura que existe sobre ello.

El Siguiente Paso en la Evolución

Fue por allá a mediados de los años 80 cuando escuché y leí por primera vez sobre la orientación a objetos. El término realmente me pareció interesante pero extraño. En contraste, algunos otros compañeros que todavía no habían tenido su primera vez con computadores encontraron la idea de los sistemas orientados a objeto como algo natural. No es que los programadores novatos puedan crear sistemas complejos en un ambiente orientado a objetos más fácilmente de lo que pueden los programadores experimentados. Ciertamente, crear sistemas complejos envuelve muchas técnicas más familiares al programador experto que al principiante, sin tener en cuenta si se usa o no un entorno orientado a objetos. Pero la idea básica acerca de cómo crear un sistema de software en un estilo orientado a objetos llega de una forma más natural a quienes no tienen ideas preconcebidas acerca de la naturaleza de los sistemas de software. Entender los conceptos que he expuesto fue la clave que condujo mi carrera profesional durante mucho tiempo y que me permitió escribir algunos cientos de miles de líneas de código en diversos lenguajes de programación.

Muchos años después, con el advenimiento de la Internet, me di a la tarea de buscar y conocer en qué andaba el célebre equipo de XPARC que creó la técnica tan acertadamente. Los encontré en www.parc.com y el mundo de la programación no volvió a ser igual para mí.

Los amigos de PARC habían encontrado muchos problemas de programación para los que ni las técnicas de programación procedimental ni orientadas a objeto parecían suficientes para capturar claramente algunas de las decisiones importantes que un programa debía implementar. Ellos observaron que esos problemas forzaban la implementación de muchas decisiones de diseño en el código de una manera dispersa y heterogénea, dando como resultado un código fuente "enmarañado" que es difícil de desarrollar y mantener. Así es que presentaron a la comunidad un análisis del porqué ciertas decisiones de diseño eran difíciles de capturar apropiadamente en el código actual y llamaron a las propiedades a las que esas decisiones apuntaban *aspectos*. También mostraron que la razón de su captura compleja era que estas decisiones eran transversales a la funcionalidad básica de todo sistema. Con esto en mente, presentaron las bases para una nueva técnica de programación que llamaron **programación orientada a aspectos** o simplemente aspectos. Esta técnica hace posible escribir programas con precisión que involucren tales aspectos, incluyendo aislamiento apropiado (más allá de la encapsulación de objetos), composición y reusabilidad de código "aspectual".

En breve, los Aspectos son propiedades para las cuales la implementación no puede ser encapsulada en un procedimiento generalizado. Los Aspectos y los componentes transversales se cruzan entre sí en la implementación de un sistema. Esta técnica soporta una abstracción completa y la composición tanto de componentes como de aspectos. La diferencia clave entre AOP y la OOP (y por extensión con PPO) es que la AOP proporciona lenguajes de componentes y aspectos con diferentes mecanismos de abstracción y composición.[23]

Los Aspectos son a los Objetos lo que estos fueron a los Procedimientos. Hoy ya existen lenguajes orientados a aspectos como AspectJ (la primera implementación de un lenguaje AOP basado en Java), AspectC++, Aspicere2 y otros basados en C/C++; también existen LOOM.NET, AspectDNG, Compose, Aspect.NET, DotAspect y otros basados en C#/VB.NET y muchas otras docenas de estos lenguajes emergentes, incluyendo WEAVR de Motorola para UML 2.0, una herramienta de desarrollo de software Orientado a Aspectos de naturaleza industrial que soporta *weaving* de los modelos comportacionales de UML 2.0 como los diagramas de interacción y de actividad. Y es tiempo de un último aserto.

Definición 40: *Weaving* es el proceso de aplicar Aspectos a los Objetos Destinatarios para crear los nuevos Objetos Resultantes en los especificados Puntos de Cruce. Este proceso puede ocurrir a lo largo del ciclo de vida del Objeto Destinatario:

- Aspectos en Tiempo de Compilación, que necesita un compilador especial.

- Aspectos en Tiempo de Carga, los Aspectos se implementan cuando el Objeto Destinatario es cargado en la máquina virtual.

- Aspectos en Tiempo de Ejecución.

Está ocurriendo tal cual ha ocurrido durante millones de años en la naturaleza, las insuficiencias existentes, los entornos recién descubiertos, recién creados, solo dan paso a los más fuertes y solo los más arriesgados sobreviven, así es la biología celular. Así mismo pasa en la TI, las nuevas necesidades exigen nuevas soluciones y estas a su vez requieren de nuevas tecnologías y nuevas técnicas.

En el futuro lejano, luego de la fusión de tres revoluciones científicas que todavía no ocurren, la teoría cuántica nos proveerá de transistores cuánticos microscópicos más pequeños que una neurona, la revolución informática nos facilitaría redes neuronales tan poderosas como las que hoy residen en el cerebro humano, y la revolución biomolecular nos permitiría la capacidad de reemplazar las redes neuronales de nuestro cerebro por tejidos sintetizados, garantizándonos así cierta condición de renovación, seremos inmortales.

Pero no nos apresuremos, un paso a la vez, "así se ha hecho durante millones de años" [24], así que todo esto será motivo de otra de mis disertaciones futuras.

Conclusión

He abordado sucintamente los conceptos que subyacen la técnica de la programación orientada a objetos. Es lo que existió antes del lenguaje de programación, antes del Java y el C#, aún antes del BASIC y el C. Entender estos conceptos nos da una visión que permite reducir la complejidad de grandes sistemas sin poner complicaciones adicionales en la construcción de sistemas pequeños. Ciertamente, como lo pensaron los investigadores en XPARC durante 20 años de estudios, la técnica se acerca a la forma cómo pensamos los seres humanos; sin embargo, todavía el hardware disponible hoy, otros 30 años después, es incapaz de aceptar tales principios. Quizás en el futuro próximo, ayudados por lo que he dado en llamar Biología Informática, podamos tener máquinas casi tan hábiles como nosotros, máquinas que entretejan (como los Aspectos), millones de chips neuronales que se crucen ad-infinitum y sean capaces de pensar y adaptarse a nuevos entornos.

Mientras tanto, la programación orientada a objetos, y con ésta, el análisis y diseño orientados a objeto, la programación orientada a aspectos, la herencia y el polimorfismo, las asociaciones binarias y las abstracciones lógicas, serán las técnicas que reinen en el mundo de las tecnologías informáticas.

Cierre y fin de la emisión.

Referencias

1. Diccionario de la Real Academia de la Lengua Española Edición En Línea.
    http://buscon.rae.es/draeI/SrvltConsulta?TIPO_B US=3&LEMA=célula

2. ARPANet fue el nombre original de Internet. ARPA son las siglas en inglés de *Advanced Research Projects Agency*, que inicialmente conectó cuatro grandes computadores en universidades en el suroeste de los Estados Unidos (UCLA, Stanford Research Institute, UCSB y la Universidad de Utah) por allá en 1.969.

3. Dr. Alan Kay. *On The Meaning of "Object-Oriented Programming"* (http://www.purl.org/stefan_ram/pub/doc_kay_oo p_en)

4. Dr. Alan Kay. The Early History of Smalltalk. http://gagne.homedns.org/~tgagne/contrib/Early HistoryST.html

5. IBM. The Rational Unified Process Glossary.

6. Luis Antonio Salazar Caraballo. Sistemas de Software Orientado a Objetos. 2000.

7. IBM. The Rational Unified Process Glossary.

8. IBM. The Rational Unified Process. UML.

9. IBM. The Rational Unified Process Glossary.

10. IBM. The Rational Unified Process. UML.

11. Luis Antonio Salazar Caraballo. Sistemas de Software Orientado a Objetos. 2000.

12. IBM. The Rational Unified Process. UML.

13. IBM. The Rational Unified Process. UML.

14. IBM. The Rational Unified Process. UML.

15. IBM. The Rational Unified Process. UML.

16. IBM. The Rational Unified Process. UML.

17. IBM. The Rational Unified Process. UML.

18. IBM. The Rational Unified Process. UML.

19. IBM. The Rational Unified Process. UML.

20. IBM. The Rational Unified Process. UML.

21. Wikipedia contributors, 'Abstraction (computer science)', Wikipedia, The Free Encyclopedia, 7 November 2007, 04:20 UTC, <http://en.wikipedia.org/w/index.php?title=Abstraction_%28computer_science%29&oldid=169781888> [accessed 21 November 2007].

22. Wikipedia contributors, 'Cosmic ancestry', Wikipedia, The Free Encyclopedia, 26 April 2007, 23:28 UTC, <http://en.wikipedia.org/w/index.php?title=Cosmic_ancestry&oldid=126264933> [accessed 21 November 2007]

23. Kiczales, Lamping, Mendhekar, Maeda, Videira Lopes, Loingtier & Irwin. Aspect-Oriented Programming. 1997.

24. Así le dice Ted a Ellie en Contacto, de Carl Sagan.

Ted: *Este ha sido un primer paso. Con el tiempo, daréis otro.*
Ellie: *Pero otros necesitan ver lo que he visto yo.*
Ted: *Así se ha hecho durante millones de años. Poco a poco, Ellie. Poco a poco.*

> (Le besa la frente. Ambos miran al cielo. Cientos de rayos, como cometas, se aproximan a la nebulosa rojiza. Al chocar con ella, hay como una explosión blanca. Volvemos a la realidad, con la cápsula cayendo bruscamente al agua…)

Parte 2 – Ingeniería de Requisitos con Casos de Uso: Volumen 1

7. Casos de Uso: De Vuelta a lo Fundamental

Introducción

Volvamos a lo básico: un caso de uso es un conjunto de secuencias de actividades ejecutadas, normalmente por la interacción entre un Humano y una máquina. Bueno, para los puristas, las actividades son iniciadas por una entidad externa llamada Actor y las actividades terminan con un resultado de valor observable para ese Actor.

Desde otra perspectiva, la del usuario que usa el sistema, un caso de uso es una pieza de funcionalidad de software, casi siempre, una pieza indivisible, que tiene:

- Uno o más datos de entrada, el estímulo

- Uno o más datos de salida, la respuesta

- Un número finito de pasos o tareas, el proceso

- En principio, cada uno de esos pasos bien podría realizarse usando "solo lápiz y papel", la simplicidad

- Un comienzo, la orientación

- Un fin, el éxito.

¿Alguien recuerda a qué se parece esa definición?

Un caso de uso es el primer peldaño en la conversión de las necesidades de los usuarios a un sistema automatizado. Es el primero, el cimiento: para llegar al cielo todavía se requiere de muchos otros elementos (léase análisis, arquitectura, diseño, implementación…)

Un caso de uso es el componente nuclear del modelo dinámico de un sistema, ese que hace e intenta responder la pregunta: ¿qué hace el software? Ese que juzga (analiza) el sistema por sus acciones. Sí, ese del que se dice es una representación *abstracta* de lo que hace el software, el que define el comportamiento del sistema.

Ahora bien, habitualmente un caso de uso se escribe en el formato **"el actor hace…, el sistema hace…"** un diálogo, un guión, una escena, en este caso, de un sistema de software.

Con esto en mente, resolvamos varias preguntas que siempre llegan a mi buzón:

¿Cuántas secuencias forman el "conjunto de secuencias" del caso de uso? Una, dos, tres…, un número pequeño, contable de secuencias, como en casi todos estos temas, no está escrita la última palabra. Depende del contexto, del proceso de negocio que implementa el caso de uso, del resultado esperado, de la cantidad y calidad de los datos de entrada, de la habilidad de los usuarios del caso de uso, de los escenarios de usabilidad, de…, la lista de dependencias es larga.

En breve, un caso de uso de una única secuencia puede ser mucho más complejo que un caso de uso de media docena de secuencias. El asunto es: el número de secuencias de pasos no es el único capricho de un caso de uso, no es el único índice de su complejidad o significancia.

Entonces, ¿una secuencia cuántas actividades tiene? La respuesta es la misma: un número pequeño. Las prácticas contextuales nos dicen que siempre habrá una secuencia "regular", la que más ocurre, la principal, la básica; y también podrán existir cero, una, dos, tres…, secuencias de menor ocurrencia, secundarias, eventuales, cada una de ellas, quizás, con un número menor de pasos que la primera.

¿Una secuencia es lo mismo que un escenario? Ah, este es un error muy común que cometemos. Apenas sería una coincidencia que ambas sean lo mismo; pero de una secuencia, principal o no, pueden surgir uno o más escenarios.

Escenarios

Definición 1: Un escenario es un "camino" de ejecución, una instancia, del caso de uso con datos reales, donde el actor tiene un nombre, los datos tienen un valor específico y donde efectivamente hay un resultado que se puede "ver". Quienes alguna vez han diseñado casos de prueba conocen bien esta diferencia. De hecho, un escenario puede (y habitualmente lo hace) ir a través de varias secuencias, normalmente, la principal y una o más secundarias. En síntesis, los escenarios son hilos cohesivos de comportamiento del caso de uso ocasionados por el estímulo que este recibe desde el exterior.

Volveremos a los escenarios en el capítulo 13 del libro.

¿Y esas actividades cómo se escriben? ¿Cuál es el alcance de las mismas? Se escriben en terminología del usuario, sin detalles técnicos; en términos lingüísticos, siempre deberían ser escritas como una expresión verbal simple, sin adornos, sin sinónimos, sin adjetivos, sin comentarios del autor: un caso de uso es "orientado-al-verbo" si quisiéramos parafrasear algunos de los términos más usados por quienes nos movemos por los vericuetos insondables del tratamiento de la información.

En eso se diferencia un caso de uso de un guión de teatro, por ejemplo. Este último es rico en emociones, en observaciones, en detalles analógicos y puntos de vista subjetivos tanto del autor como de los personajes que intervienen.

¿Y qué hay del nivel de granularidad? Aquí entramos en el dilema del CRUD[2] o no CRUD, esa es la cuestión. Por agilidad deberíamos escribir casos de uso **esenciales**, no descompuestos funcionalmente, es decir, casos de uso que no entren en el nivel de detalle de la "pantalla" o del "formulario", de los botones y cuadros de texto. Un caso de uso esencial deja un margen de maniobra al Analista, al Programador, al Arquitecto y aún al Verificador. Los detalles de usabilidad, colorido y presentación bien podrían ser consignados en documentos auxiliares, en estándares en los cuales basar su implementación. Escribir casos de uso CRUD y similares aumenta innecesariamente el número de casos de uso, el tiempo de especificación, el tiempo de revisión, el tiempo de aprobación. Sí, quizás disminuya el tiempo de programación, pero este es cada vez más reducido a la luz de las poderosas herramientas con las que contamos hoy para escribir código fuente.

Caso de Uso Esencial

Definición 2: un caso de uso esencial se caracteriza porque: la funcionalidad CRUD es una porción del caso de uso, el actor que lo inicia está bien generalizado, su secuencia básica completa es una interacción mayor con el sistema, no está asociado con componentes arquitectónicos o del sistema, es completamente independiente de la implementación de la Interfaz de Usuario, contiene un número mayor de secuencias alternas (aunque esto podría representar algún inconveniente a la hora de calificar la legibilidad del caso de uso), representa muchos ejemplos concretos de interacción, es decir, deriva en muchos escenarios, es bastante útil para pruebas del sistema y de funcionalidad. Finalmente, un caso

---

[2] CRUD, siglas de Crear, Consultar, Actualizar, Borrar datos (en inglés).

de uso esencial forma parte de un modelo de casos de uso en el que el número de extensiones e inclusiones es menor al 20% de todo el modelo.

Caso de Uso Descompuesto Funcionalmente

Definición 3: un caso de uso descompuesto funcionalmente es aquel que aborda un solo elemento CRUD a la vez, está vinculado a usuarios concretos específicos, no a actores abstractos, su flujo básico no completa una interacción mayor con el sistema, en cambio, describe funciones primarias del mismo, está completamente ligado a un componente del sistema o a un componente arquitectónico específico, está vinculado a una pantalla o función de usuario específica y contiene instrucciones de diseño de IU (Interfaz de Usuario) específicas, contiene de cero a dos flujos secundarios, frecuentemente relacionados con datos. Los escenarios derivados casi siempre deben invocar varios casos de uso para completar un ejemplo integral, es útil para pruebas unitarias. Para terminar, en un modelo de casos de uso descompuestos funcionalmente, más de la mitad de los casos de uso son inclusiones o extensiones.

Sobre inclusiones y extensiones dedicaremos todo el Capítulo 12 del libro.

Una práctica contextual beneficiosa es sacrificar el modelo de los casos de uso descompuestos funcionalmente en aras de un diseño arquitectónico robusto y estable, una especificación más limpia y clara para el usuario quien, en últimas, es el que revisa y aprueba cada caso de uso, y de un modelo estático consistente y resistente.

Ejemplo: el caso de uso "Hola Mundo"

Este es un caso de uso simple:

1. El caso de uso inicia cuando el Actor ejecuta la aplicación Hola Mundo

2. El sistema muestra el mensaje "Hola Mundo."

3. El caso de uso termina

Ya tendremos la oportunidad de entrar en detalles acerca de cómo se escribe un caso de uso.

8. Casos de Uso: Origen, Especificación y Evolución

Introducción

Los casos de uso detallan la funcionalidad del software en construcción. Aunque no tiene que usarse siempre, la técnica de casos de uso es una muy buena práctica a la hora de capturar, documentar, revisar y aprobar requisitos funcionales. Pero ¿a partir de qué elementos, en qué momento del ciclo de vida, surgen los casos de uso?

Los casos de uso, como la materia, no se crean ni se destruyen, se transforman. Están allí, esperando ingresar al conjunto de entidades que conforman un modelo, en este caso, como la materia prima fundamental de un producto de software.

En un principio están las necesidades, el espacio del problema. Aquí atendemos diligentemente la exposición del usuario, sus dificultades, la manera como las resuelve, si lo hace; escuchamos lo que necesita, las causas (el problema raíz o el problema detrás del problema), el impacto de convivir con esos inconvenientes, el costo asociado, entre otros aspectos.

Conocer al detalle la dimensión del problema es el primer gran paso hacia el diseño e implementación de un sistema útil y lleno de bondades para los usuarios. Durante esta parte del proceso, identificamos, sino a todos, a la mayoría de las personas involucradas o impactadas por el proyecto o el producto objeto del proyecto; por supuesto, también a otros sistemas o herramientas con los que nuestro sistema tendrá algún tipo de comunicación directa o indirecta.

Todos estos son insumos para identificar luego las características, ya en el espacio de la solución, del software a construir. Si hemos sido juiciosos consignando las palabras del usuario y confrontándolas con este, podremos empezar, por ejemplo, haciendo un análisis gramatical, una técnica antiquísima que separa los verbos, o las frases verbales, de los sustantivos: los primeros son casos de uso potenciales, o partes de un caso de uso; los segundos son actores u otras entidades relacionadas con el proceso. Es probable, inclusive, que de este análisis, apenas podamos tener una aproximación a un modelo de casos de uso del negocio.

Caso de Uso y Actor del Negocio

Definición 4: un caso de uso del negocio representa un macro-proceso, un proceso, un subproceso o una actividad del negocio que no necesariamente es llevada a cabo por herramientas automatizadas, en el que intervienen una o más personas (llamadas entonces Trabajadores del Negocio) y en el que se intercambia información relativa al proceso. Como con un caso de uso "normal", al que llamaremos entonces **caso de uso del sistema**, o simplemente, caso de uso, el caso de uso del negocio termina con un resultado de valor observable para los actores y trabajadores del negocio. Ahora bien, de un caso de uso del negocio se pueden derivar uno o más casos de uso del sistema. Sin embargo, en ocasiones, un caso de uso del negocio permanece en su estado natural, es decir, ninguna de sus partes es automatizada. Un ejemplo típico de un caso de uso del negocio es la Recepción de una Solicitud de "algo": Aquí, un Actor del negocio, El Cliente, entrega a un Trabajador del negocio, Recepcionista, Archivador o Empleado, uno o más documentos; este último, revisa, pone un sello con fecha y número (opcional) y firma una copia que es devuelta al Cliente; este simplemente se retira con su copia y el proceso, el caso de uso del negocio, termina.

Un **Actor del Negocio** representa un papel "actuado" en relación al negocio por alguien o algo en el entorno de ese negocio. Los siguientes tipos de usuarios del negocio son ejemplos de actores potenciales del negocio[3]:

- Clientes
- Proveedores
- Socios de negocio
- Clientes potenciales (el "mercado objetivo")
- Autoridades locales
- Colegas

En este apartado resolvamos más inquietudes:

Características de un Caso de Uso Típico

<u>¿Cómo nombramos un caso de uso?</u> Con frases verbales simples. Verbos como Registrar, Generar, Consultar, Matricular, acompañados de expresiones sustantivadas de una sola parte son ampliamente usados. Y muchos otros. Algunos verbos que debemos evitar son Procesar, Hacer, Ejecutar, Establecer, Administrar o Gestionar, por lo genérico o ambiguo de los términos, al igual que el sustantivo Evento, que significa muchas otras cosas. Tampoco redundemos, como en Generar Reporte de Solicitudes Recibidas: Generar y Consultar normalmente se refieren a eso, a reportes y consultas, a no ser que se especifique otra

---

[3] IBM *Rational Unified Process* –RUP

cosa. En este caso, el nombre usualmente correcto es "Generar Solicitudes Recibidas".

El nombre de un caso de uso debe despedir cierto halito de grandeza, de verdad, de seguridad: en lo sucesivo, se convertirá en parte integral del vocabulario de muchas personas, quizás de toda una corporación, eso es motivo suficiente para que sea así. El nombre, además de usar los verbos y sustantivos, debe dar a conocer la intención que tiene el actor al usarlo en el sistema.

En conclusión, Los nombres de los casos de uso traen orden y sentido a un proceso y a las personas involucradas en el mismo, allí radica su importancia.

¿Cómo especificamos un caso de uso? ¿Cuáles son sus partes? Un caso de uso siempre es ejecutado por un Actor y eso es lo primero que debemos identificar del caso de uso.

El Actor

Definición 5: un Actor es una entidad externa al sistema, normalmente una persona, pero también puede ser otro sistema o una máquina con la que nuestro sistema tenga algún tipo de contacto. Cuando se trata de personas, el Actor no identifica a alguien en particular; en cambio, señala un grupo o un perfil de usuarios del sistema. Todos los usuarios caracterizados por ese actor, ven el sistema de la misma forma, ninguno ve más o menos que otro. Eso sí, un individuo puede jugar a ser más de un actor en momentos distintos y en estados distintos de la aplicación. El mito más grande que hay con los Actores Personas es que representan cargos dentro de la compañía para la cual se construye el software, lo cual apenas sería una afortunada coincidencia. Hasta es probable que los actores del negocio, más cercanos a la compañía, no signifiquen cargos de trabajo. Ejemplos de actores son: Analista de Crédito, Vendedor de Licencias,

Habilitador de Servicios de Salud, Supervisor de Producción, Administrador de Usuarios, entre muchos otros.

En estos ejemplos hay una constante: el contexto. Un actor lo es dentro de un contexto particular. Analista, Vendedor, Habilitador, Supervisor o Administrador son actores bastante genéricos y podrían representar a toda una compañía, que nunca se modela en un sistema. Siempre debemos limitar el alcance de las actividades de un actor (los casos de uso que ejecuta) vía contextualización. Un actor ampliamente usado en los sistemas Web es el Cliente. Muchas veces, la sola denominación Cliente es bastante amplia y no permite delimitar el ámbito en el que se mueve. Podríamos bien decir: Pasajero Aerolínea, Tarjeta-Habiente, Comprador Minorista, Asegurado, Solicitante de Crédito, entre muchos otros apelativos.

El otro componente importante de un caso de uso es el conjunto de secuencias, los flujos de tareas. Las tareas dicen qué hace el caso de uso, no cómo lo hace, es decir, no hay detalles técnicos en un caso de uso, al menos, no en principio, mientras se revisa y se aprueba con el usuario, quien es la última línea de defensa en materia de casos de uso. Tampoco hay referencias al diseño de la interfaz gráfica de usuario.

Además, en un caso de uso no se escribe el código fuente ni el manual de usuario. Para ello existen otros artefactos, tratados en otras disciplinas e instancias, que requieren de un conocimiento más profundo y detallado del adquirido durante el período de la especificación de requisitos.

Ejemplo, Ejemplo, Ejemplo.

Caso de Uso: Reservar Asiento

Actor: Pasajero Aerolínea

Secuencia:

1. El caso de uso inicia cuando el Pasajero solicita una Reserva Aérea

2. El sistema solicita las ciudades origen y destino del vuelo

3. El Pasajero selecciona las ciudades origen y destino del vuelo

4. El sistema solicita las fechas de ida y regreso

5. El Pasajero especifica las fechas de ida y regreso

6. El sistema verifica que haya un asiento disponible para las condiciones establecidas y solicita las preferencias de silla al Pasajero

7. El Pasajero indica sus preferencias

8. El sistema muestra los detalles del vuelo y solicita confirmación de la reserva

9. El Pasajero confirma la reserva

10. El Sistema genera y muestra un código de reserva

11. El caso de uso termina

Advertencia: este es un caso de uso en estado de especificación, no intente usarlo en ningún proyecto en curso.

Esta primerísima versión está medianamente lejos de la versión definitiva. Sin embargo, sirve para indicar varios aspectos:

1. La interacción Usuario-Sistema. El caso de uso siempre debe señalar lo que es obvio para el usuario, lo que este puede ver del sistema. Para el usuario es importante el estímulo que reciba del sistema, ya sea a través de solicitudes o de respuestas. El detalle del mecanismo algorítmico o técnico que use el sistema para enviar esas solicitudes o encontrar esas respuestas debe omitirse del caso de uso. En el ejemplo, el algoritmo de verificación del asiento disponible, si la búsqueda se hace secuencial o

binaria, si se usan procedimientos almacenados o si se invoca a un *Web Service* para lograrlo, son especificaciones que están lejos del alcance del caso de uso (aún en la versión final del caso de uso, la que se acordará con el usuario, no existirán).

2. Las formas lingüísticas, en este caso, los verbos y sustantivos usados deben ser un indicador de los mecanismos de implementación a usar: cuando el caso de uso especifica "el Pasajero selecciona[4]..." está diciendo claramente: elegir, escoger de un grupo de posibles opciones. Es evidente que el sistema debe entonces utilizar los medios necesarios para mostrar la lista de opciones y permitir que el usuario decida entre ellas mediante la "Acción y efecto de elegir a una o varias personas o cosas entre otras, separándolas de ellas y prefiriéndolas." (Significado de **Selección**, Diccionario de la RAE, XXII Edición).

Vamos un poco más allá: cuando el caso de uso dice: "5. El pasajero especifica..." igual está lejos de señalar el mecanismo de implementación; no obstante, dejamos una puerta abierta para que el Programador use uno o más elementos de interfaz de usuario: un cuadro de texto para digitar, un control especializado que permita seleccionar la fecha, un calendario compuesto por listas de días, de meses y de años donde también el usuario pueda "armar" la fecha requerida o una combinación de algunos de ellos.

Es viable que más adelante, durante las fases de análisis y diseño, cuando se suplemente el caso de uso, los posibles medios de implementación se particularicen de acuerdo a otros aspectos como los estándares de diseño gráfico,

---

[4] **seleccionar.** tr. Elegir, escoger por medio de una selección. *Real Academia Española © Todos los derechos reservados.*

aspectos de usabilidad, restricciones de la aplicación, entre otros.

3. Las versiones y el involucramiento del usuario. Es importante tener una versión del caso de uso tan pronto como sea posible, empezar a discutirla con el usuario, refinar la versión y congelarla tan tarde como sea posible, eso sí, antes de que finalice la etapa de especificación de requisitos, ya sea para una iteración en particular o para una fase determinada del proceso.

Nota: sobre Iteraciones pueden leer el capítulo "Desarrollo de Software por Iteraciones" de mi libro Asuntos de la Ingeniería de Software" disponible en Amazon, también en formato *Kindle*.

También lo encuentran como artículo en mi Gazafatonario IT:

http://www.gazafatonarioit.com.

Ahora bien, el usuario nunca especifica o documenta casos de uso, pero sí los revisa, propone cambios y los aprueba, en el sentido de "estar de acuerdo" en lo que realiza el caso de uso. Hay un tiempo para todo. Si el cambio propuesto ocurre después de finalizada la etapa de especificación, es tarea del Analista reportarlo como lo que llamamos generalmente un **control de cambio**.

¿Y sobre la evolución del caso de uso? Por evolución me refiero aquí a lo que sucede con un caso de uso una vez está aprobado o acordado (versión **1.0**) por el usuario. Se trata del análisis, el diseño, la implementación, la integración, las pruebas, la puesta en operación del caso de uso. Algunos de estos asuntos serán abordados más adelante.

9. Casos de Uso: Del Todo y de Sus Partes

Consideremos el siguiente caso de uso típico de un sistema de reservaciones:

Caso de Uso: Reservar Asiento

Actor: Pasajero Aerolínea

Descripción: este caso de uso permite a una persona reservar un vuelo de ida y regreso entre dos ciudades distintas en las fechas de su elección. El sistema valida la disponibilidad de un asiento de las características que el Pasajero especifique. La reservación se hace vía Internet. La aerolínea solo tiene aviones con asientos estándar.

Precondiciones: El Pasajero debe estar plenamente identificado ante el sistema de reservas (Cuenta de Pasajero Frecuente, Identificación, Nombre y otros datos básicos).

Secuencia Básica:

12. El caso de uso inicia cuando el **Pasajero** opta por **Hacer una Reserva Aérea**

13. El sistema solicita las ciudades origen y destino del vuelo

14. El Pasajero selecciona las ciudades origen y destino del vuelo

15. El sistema valida que las ciudades Origen y Destino sean distintas, que haya al menos un vuelo entre esas ciudades y solicita las fechas de ida y regreso

16. El Pasajero especifica las fechas de ida y regreso

17. El sistema valida que la fecha de regreso sea superior a la fecha de ida y pide seleccionar una opción de la lista de vuelos disponibles para las fechas y ciudades establecidas

18. El Pasajero selecciona una opción de vuelo

19. El sistema muestra los detalles del vuelo y solicita confirmación de la reserva

---

20. El Pasajero confirma la reserva

21. El Sistema asigna un asiento al Pasajero, genera y muestra un código de reserva

22. El caso de uso termina

Secuencia Alternativa 1:

4A. No hay vuelos entre las ciudades seleccionadas

4A1. El sistema muestra el mensaje: "No hay vuelos entre las ciudades seleccionadas. Verifique."

4A2. El caso de uso termina

Secuencia Alternativa 2:

6A. No hay vuelos disponibles en las fechas especificadas

6A1. El sistema muestra el mensaje: "No hay vuelos disponibles en las fechas seleccionadas. Verifique."

6A2. El caso de uso termina

Poscondiciones: El Pasajero puede consultar el estado de su reserva. El Pasajero puede modificar o cancelar su reserva.

Requisitos Especiales: El sistema solo muestra y permite seleccionar pares de vuelos disponibles en las fechas y entre las ciudades establecidas. El sistema de reservas es solo para el tipo de Pasajeros Frecuentes de la aerolínea.

Advertencia: este sigue siendo un caso de uso de una situación simulada, no intente usarlo en ningún proyecto en curso. Además, no es un caso de uso "Terminado".

La Descripción Breve

Definición 6: La **descripción breve** o simplemente **descripción** del caso de uso es un compendio informativo – tres o cuatro líneas a lo sumo – sobre el caso de uso. Resume las principales características del caso de uso pero en ningún momento hace parte de la especificación funcional del mismo. En esta sección se pueden considerar algunas condiciones bajo y para las cuales se ejecuta el caso de uso, se pueden enumerar algunos requisitos no funcionales y otros detalles relevantes. Las descripciones breves surgen durante la fase de Concepción del proyecto, cuando se identifica el caso de uso y **no** reemplazan el bosquejo o borrador del caso de uso, que surge a continuación de ésta. Un indicador de que hemos entendido el caso de uso o la funcionalidad requerida es cuando escribimos esta descripción en menos de un minuto y a "lápiz alzado" como dicen los dibujantes. Sin embargo, esta es una práctica que toma tiempo y se puede lograr después de muchos casos de uso documentados.

Las Precondiciones

Definición 7: Las **precondiciones** constituyen el estado en el que debe estar el sistema para que el caso de uso se ejecute. Esto quiere decir, lo que debe ocurrir en el sistema para que sea posible "habilitar" el caso de uso y que este se pueda ejecutar. Pensemos, por ejemplo, en una funcionalidad ampliamente usada por todos: Copiar y Pegar texto. Un prerrequisito de Copiar es Seleccionar el texto; y un prerrequisito de Pegar es Copiar el texto.

Una precondición se fija en prosa, como en nuestro caso de uso en demostración. O en términos de otros casos de uso, es decir, enumerando los casos de uso que deben ejecutarse para que se ejecute el actual. O usando una combinación de las dos. Esto último ocurre porque es posible que no hayamos identificado los casos de uso condicionantes, o porque no está claro de estos casos de uso cual es la precondición establecida y porque también hay un conjunto de especificaciones funcionales que no quedan escritas en términos de casos de uso y alguna de ellas puede ser una precondición. Además, porque es mejor para el usuario que usemos su terminología y le evitemos leer un caso de uso completo para que entienda el estado final del mismo.

Las precondiciones son a la vez una forma de validación, ya que esas "condiciones" deben cumplirse antes de crear la instancia del caso de uso. Esto disminuye el número de validaciones que debe hacer dicho caso de uso una vez ha iniciado su secuencia de acciones.

La precondición del ejemplo se refiere al proceso o módulo donde el Pasajero se identifica ante el sistema: debe proporcionar su identificación y su número de pasajero frecuente para que el sistema conozca de quien se trata.

Las precondiciones además le hablan al desarrollador al oído. Le cuentan del mecanismo que debe usar o tener en cuenta para habilitar o deshabilitar opciones de la aplicación. En el ejemplo: si un pasajero no se ha identificado ante el sistema como Cliente o Pasajero Frecuente, la opción **Reservar Asiento** estará deshabilitada o invisible al usuario.

Ahora bien, los tres errores más comunes que cometemos al definir una precondición son:

- Incluir una precondición que en el contexto del proceso es lejana al caso de uso, es decir, algo que no tiene relación directa con el caso de uso en cuestión. En el ejemplo, una precondición así sería "Las ciudades hacía y desde donde se originan los vuelos deben estar matriculadas en el sistema." Ciertamente ésta podría ser una precondición del caso de uso, en cuyo caso lo afectaría indirectamente; En particular, ésta es una precondición de todo el sistema: sin las ciudades origen y destino registradas, el sistema no puede arrancar.

  Aquí es importante precisar que una precondición no depende de esquemas temporales del proceso o del orden de ejecución en el tiempo. La precondición debería ser agnóstica de ello, desligándose del momento en que ocurre; lo que interesa es que se cumpla el estado, no el momento en que ese estado es establecido.

- Incluir una precondición que, en vez de serlo, es una circunstancia que el sistema debe validar durante la ejecución del caso de uso. En el ejemplo, decir que "Debe haber vuelos disponibles" no es una precondición porque es algo que el caso de uso debe verificar a medida que se establecen las condiciones del vuelo, por ejemplo, las ciudades de origen y de destino, y las fechas de ida y de regreso. Tampoco lo es: "El Pasajero debe estar matriculado como Pasajero Frecuente en el sistema." Esta es más bien una condición que se debe verificar en el caso de uso "Comprobar Pasajero", el cual sí es una precondición del caso de uso.

  Aquí también es importante aclarar que a veces una precondición puede convertirse en una validación en las primeras de cambio del caso de uso. Es decir, si no es compleja, entre otras características, la precondición bien podría incluirse como parte de las acciones del caso de uso.

- Incluir una precondición "no funcional". Por ejemplo: "El Pasajero debe tener conexión a Internet" o "El Navegador debe soportar el protocolo SSL." Aquí realmente estamos hablando de recursos físicos o de ciertas condiciones con las que el usuario no tiene que lidiar en lo absoluto.

Otros errores comunes al escribir casos de uso y cómo mejorar la especificación de los mismos son asuntos que abordo en los capítulos 13 y 14 del libro.

Finalmente, las precondiciones son opcionales. Es posible, y ocurre muchas veces, que un caso de uso simplemente no tenga precondiciones.

La Secuencia Básica

Definición 8: La **secuencia básica**, llamada también Secuencia Principal, está formada por el conjunto de acciones que más ocurren en el caso de uso. Normalmente es la única que se describe por completo, es decir, de principio a fin.

Ahora bien, las acciones de un caso de uso, son acciones "planas" y, muchas veces, simples. En el Capítulo **7** dije que no incluyen aspectos técnicos ni de diseño de pantallas ni otros detalles que pueden hacer difícil de leer y entender el caso de uso. Por lo general, un caso de uso inicia por una acción directa de un usuario o Actor del sistema. Esa acción casi siempre significa que el usuario decide u opta por hacer algo en el sistema para lo que tiene privilegios.

La elección de nombres, tanto de casos de uso como de otros elementos del proceso: Actores, datos y documentos, no debe hacerse a la ligera y mucho menos debe tomarse como algo sin importancia. Recuerden que eso afectará, al menos, la vida profesional de muchas personas. Como técnicos somos muy dados a seleccionar nombres ostentosos, adornados de tecnicismos innecesarios o incomprensibles para el usuario final; o, entre un grupo posible de nombres "del negocio" escogemos el menos usado en el entorno del usuario o alguno que tenga connotaciones distintas en el contexto de ese usuario: Reservar Vuelo, Hacer Reserva, Hacer una Reserva Aérea, Reservar, Hacer Reservación de Vuelo y Apartar un Viaje son algunos posibles nombres para el caso de uso. Pero "Reservar Vuelo" y "Reservar Asiento" parecen dos cosas distintas y normalmente lo son.

Debemos indagar por las costumbres del actor, su perfil, su experiencia, su conocimiento, el entorno donde se mueve. En el caso de compañías multinacionales como InterGrupo, con oficinas y clientes en varios países (aún en nuestro propio país un término puede llegar a tener connotación diferente en ciudades distintas), no está de más hacer este trabajo, no vaya a ser que usemos una expresión ofensiva para alguien. Quienes hemos viajado por distintas ciudades y países atendiendo clientes de la empresa somos testigo de ello. En este sentido siempre es buena idea apegarse a las normas del idioma, del español en este caso.

Volviendo al nombre: Reservar y Hacer Reserva quizás sean muy cortos, sobre todo si hay distintos tipos de reserva; Reservar Vuelo quizás quiera decir un único trayecto, mientras que Hacer una Reserva Aérea puede significar reservar en ambos sentidos. En fin, las posibilidades pueden ser muchas. Por eso también es importante documentar el **Glosario** del sistema.

Sigamos profundizando en los detalles del caso de uso: las acciones no deben dar pie a ambigüedades, ni en el proceso del negocio ni en el del sistema. A primera vista, el paso 7 del caso de uso es anfibológico [1]. Seleccionar una opción de vuelo quizás quiera decir elegir un único trayecto y hasta bien podría sacarse de contexto y significar que el Pasajero prefiere un tipo de pasillo (Fumador, No Fumador, Ventana, No Ventana, entre otras); sin embargo, en la sección de Requisitos Especiales se aclara un poco el panorama.

Las Secuencias Alternativas

Definición 9: Una **secuencia alternativa** está constituida por un conjunto de acciones que ocurren si se cumple una condición específica en el caso de uso, normalmente en la secuencia básica, aunque también puede ser en otra secuencia alternativa.

Cuando me refería a que la especificación de una acción o evento era más bien plana, hacía alusión a que la acción era una sentencia algorítmica básica, es decir, no era una decisión lógica o un ciclo predefinido, o una selección múltiple, que bien pueden existir en un caso de uso, pero que lo hacen complejo de entender.

El mecanismo que usamos para definir las decisiones en un caso de uso es precisamente el de las secuencias alternativas. Estas hacen más claro y preciso el caso de uso.

Una secuencia alternativa siempre debe iniciar detallando el paso o la acción en que se produce (el número del paso en la secuencia que la acarrea) y porqué se produce poniendo de manifiesto la condición que se cumplió para llegar a ese punto del caso de uso. A continuación se enumeran las acciones de la secuencia y por último se finaliza la secuencia bien sea retornando a la secuencia que la originó o terminando el caso de uso.

En nuestro ejemplo, es probable que falten algunas secuencias para terminar el caso de uso.

En conjunto, las secuencias básica y alternativas componen el cuerpo del caso de uso, la funcionalidad que el usuario requiere para resolver su problema de manejo de información: son lo **implementable** del caso de uso.

En general, un caso de uso se ejecuta para un elemento, en singular, del proceso. Por ejemplo, para un cliente decimos Registrar Cliente y no Registrar Clientes (a no ser que las condiciones así lo exijan); en nuestro caso, Reservar Asiento: estamos reservando una silla en un vuelo de ida y regreso entre dos ciudades y fechas dadas, no son varios asientos o varios vuelos. El juego de palabras puede ser truculento, pero se debe aclarar lo mejor posible.

Las Poscondiciones

Definición 10: las **poscondiciones** describen el estado en el que queda el sistema una vez se ha ejecutado el caso de uso de manera exitosa, es decir, cuando no han surgido excepciones indeseables del sistema. Aquí, de manera exitosa quiere decir que se completó activamente un escenario del caso de uso sin que el sistema fallara por una caída de la base de datos, una sobrecarga de memoria o una mala implementación del caso de uso, entre otros.

Precisando, una poscondición no es el final de un caso de uso, está fuera del caso de uso. Por ejemplo, una poscondición no es que "la información de la reserva queda almacenada en la base de datos." Esta es más bien una consecuencia lógica del caso de uso.

En el ejemplo, otra poscondición bien podría ser: "el pasajero puede Pagar su reservación con tarjeta de crédito, tarjeta débito o C.E.F."

Como con las precondiciones, las poscondiciones pueden expresarse en términos de casos de uso o en prosa, si involucra a muchos casos de uso. Aunque la primera opción es la preferida porque no se deja espacio para malos entendidos, podría ocurrir lo mismo que expliqué sobre las precondiciones sentenciadas como casos de uso; por tal motivo, podría ser mejor usar la prosa.

Y al igual que las precondiciones, las poscondiciones son opcionales, aunque es difícil pensar en la ejecución de un caso de uso, que no sea la generación de un reporte o consulta, que no tenga un impacto directo sobre otro u otros casos de uso del sistema.

Los Requisitos Especiales

Definición 11: En principio, los **requisitos especiales** se refieren a requisitos de corte no funcional que deben tenerse en cuenta para la implementación de este caso de uso en particular y que no pueden ser descritas fácilmente en el flujo de eventos del caso de uso o lo convierten en un caso de uso enmarañado o sencillamente ilegible. Pero también pueden referirse a algunos requisitos funcionales si con ellos complementamos o precisamos el flujo del caso de uso, sobre todo, cuando no queremos adicionar detalles a ese flujo que también podrían hacerlo indescifrable.

Ahora bien, aunque los requisitos no funcionales se pueden describir en un documento de **Especificaciones Suplementarias**, si un requisito especial se refiere a una condición prescrita en ese documento, primará la que se encuentre en el caso de uso.

Conclusión

Bien, así son las piezas constituyentes de un caso de uso, al menos las más usadas. El grado de "adornamiento" de un caso de uso lo delimita el Analista de acuerdo a factores como complejidad, perfil del usuario, tiempo disponible para la especificación, experiencia de los equipos de diseño y de desarrollo, entre otros.

Escribir un caso de uso no es una tarea cándida, terminarlo puede llegar a ser extenuante. Pero ese será el tema del siguiente capítulo.

Referencias

[1] Para mi Gazafatonario:

anfibología.
(Del lat. amphibologĭa, y este del gr. ἀμφίβολος, ambiguo, equívoco).
1. f. Doble sentido, vicio de la palabra, cláusula o manera de hablar a que puede darse más de una interpretación.
2. f. Ret. Figura que consiste en emplear adrede voces o cláusulas de doble sentido.
Real Academia Española © Todos los derechos reservados

10. Casos de Uso: ¿Cuándo Están Terminados?... ¿Y qué hacer con ellos a continuación?

Volvamos a considerar el siguiente caso de uso típico de un sistema de reservaciones:

Caso de Uso: <u>Reservar Asiento</u>

Actor: Pasajero Frecuente

Descripción: este caso de uso permite a una persona reservar una silla en un vuelo de ida y regreso entre dos ciudades distintas en las fechas de su elección. El sistema verifica la disponibilidad de un asiento de las características que el Pasajero especifique. La reservación se hace vía Internet. La aerolínea solo tiene aviones con asientos estándar.

Objetivo: Proporcionar un mecanismo rápido y seguro a un Pasajero Frecuente para hacer reservas en vuelos nacionales o internacionales de ida y regreso. No se incluye la funcionalidad de pagar o cambiar el estado de la reserva.

Precondiciones: El Pasajero debe estar plenamente identificado ante el sistema de reservas (Cuenta de Pasajero Frecuente, Identificación, Nombre y otros datos básicos).

Secuencia Básica:

1. El caso de uso inicia cuando el **Pasajero** decide **Hacer una Reserva Aérea**

2. El sistema solicita las ciudades origen y destino del vuelo

3. El Pasajero selecciona las ciudades origen y destino del vuelo

---

4. El sistema valida que las ciudades Origen y Destino sean distintas, que haya al menos un vuelo entre esas ciudades y solicita las fechas de ida y regreso

5. El Pasajero especifica las fechas de ida y regreso, incluyendo la hora de ambos viajes

6. El sistema valida que la fecha de regreso, incluyendo la hora, sea superior a la fecha de ida, incluyendo la hora, y pide seleccionar una opción de la lista de vuelos disponibles para las fechas y ciudades establecidas

7. El Pasajero selecciona una opción de vuelo

8. El sistema muestra los detalles del vuelo y solicita confirmación de la reserva

9. El Pasajero confirma la reserva

10. El Sistema asigna un asiento al Pasajero, genera y muestra un código de reserva

11. El caso de uso termina

Secuencia Alternativa 1:

4A. No hay vuelos entre las ciudades seleccionadas

4A1. El sistema muestra el mensaje: "No hay vuelos entre las ciudades seleccionadas. Verifique."

4A2. El caso de uso termina

Secuencia Alternativa 2:

6A. No hay vuelos disponibles en las fechas especificadas

6A1. El sistema muestra el mensaje: "No hay vuelos disponibles en las fechas seleccionadas. Verifique."

6A2. El caso de uso termina

Secuencia Alternativa 3:

6B. La fecha/hora de regreso es inferior a la fecha/hora de ida

6A1. El sistema muestra el mensaje: "La fecha de regreso es inferior a la fecha de ida. Especifíquelas nuevamente."

6A2. El caso de uso continúa en el paso 5 de la secuencia básica

> **Poscondiciones:** El Pasajero puede consultar el estado de su reserva. El Pasajero puede modificar o cancelar su reserva.
>
> **Requisitos Especiales:** El sistema solo muestra y permite seleccionar pares de vuelos disponibles en las fechas y entre las ciudades establecidas. El sistema de reservas es solo para el tipo de Pasajeros Frecuentes de la aerolínea.

Advertencia: aunque éste es un caso de uso terminado, sigue perteneciendo a una situación simulada. Si lo usa en algún proyecto es bajo su propia responsabilidad.

Voy a cerrar este primer ciclo sobre casos de uso basándome precisamente en una corta pero sustanciosa lista de verificación de casos de uso. Esta y otras listas similares son herramientas que apoyan el proceso de verificación continua de la calidad de los productos de software.

Ley de la Terminación de un Caso de Uso

Un caso de uso está terminado cuando se cumplen al menos diez de las siguientes trece condiciones:

¿El caso de uso tiene especificado el Actor que lo inicia?

No habría mucho que decir de este control si la búsqueda y posterior definición de los actores de un sistema no estuviera hoy tan desestimada. En principio tengo que decir que intentar definir un sistema sin conocer sus actores es un error bastante común. Antes que cualquier otra cosa es importante conocer para quien construimos el sistema, luego procedemos a documentar lo que hace cada uno de esos actores.

Debemos indagar por el perfil del actor y sus responsabilidades en el sistema. Recordemos que un actor bien podría ser alguien "abstracto" para el negocio, es decir, no equivale a un rol desempeñado por una persona o un grupo de personas dentro del negocio, razón por la cual, luego de hacer la abstracción, hay que mirarlo desde el punto de vista del sistema.

Con ese perfil, evaluamos si las actividades descritas en el caso de uso pueden ser ejecutadas por ese actor. Este es realmente el punto de chequeo, no simplemente asegurarnos de que haya un nombre cualquiera en la sección **Actor** del caso de uso.

Ahora bien, un caso de uso normalmente tiene un único actor que lo inicia; sin embargo, el caso de uso puede tener más actores. En este caso, los demás son actores **pasivos**, es decir, o simplemente reciben información, como en el caso de un sistema o un dispositivo externo, o son espectadores partícipes del proceso del negocio que envuelve el caso de uso, como en el caso de un cliente en un punto de venta. En cualquier caso, es importante enumerar a todos los actores que intervienen en el caso de uso por el horizonte que se extiende tanto para los analistas como para los desarrolladores y verificadores del producto, en cuanto al entendimiento del mismo.

En el ejemplo, un "simple" Pasajero puede significar un cliente casual de la aerolínea, mientras que un Pasajero Frecuente es precisamente una persona que toma vuelos con una frecuencia uniforme o que, al menos, está registrado como tal ante la compañía.

¿El caso de uso ha sido leído y entendido por todos los interesados en el mismo, incluyendo representantes de los usuarios finales y los programadores del mismo?

Los usuarios son la última línea de defensa del caso de uso, son quienes confirman que está terminado, son quienes están de acuerdo en que el caso de uso realiza lo que ellos quieren. Es tarea del Especificador de Requisitos obtener de ellos la información suficiente y necesaria para terminar el caso de uso. Siempre tenemos a la mano el "¿Qué más debo saber acerca de esta funcionalidad?" Otras preguntas importantes son: ¿Quién más está interesado en esta funcionalidad? ¿Quién debería saber lo que está especificado aquí? ¿Quién debería aprobar el caso de uso?

Una vez se tiene esa información, el revisor del caso de uso, si existe, puede indagar sobre el número de personas que leyeron y aprobaron el caso de uso para establecer si eso constituye una muestra representativa para dar por terminado el caso de uso.

En el ejemplo, puesto que el Pasajero es un actor externo a la compañía, alguien dentro de ésta es quien lo representa, es decir, es quien decide cómo quiere que los clientes de la aerolínea perciban el sistema. Por ello es importante documentar desde el principio del proyecto, no solo quienes son los usuarios finales, sino quienes serán sus representantes a lo largo del ciclo de vida, los interesados.

¿La secuencia de comunicación entre el actor y el caso de uso cumple con las expectativas del usuario?

Es más que evidente. Otra vez, solo el usuario y nadie más que el usuario, es quien decreta la correcta finalización del caso de uso. Por ello el caso de uso no debe incluir aspectos técnicos o detalles del diseño o implementación del mismo.

Se evidencia la participación dinámica y constante del usuario o de un grupo de usuarios durante la Ingeniería de Requisitos (por supuesto, también durante el resto del ciclo de vida, pero sin duda es en esta etapa donde se hace más evidente la necesidad de contar con el mayor número de usuarios del producto).

El usuario regular no está interesado en conocer lo que ocurre "detrás del telón" del sistema. Para él (ella) solo es importante el grupo de acciones donde participa activamente, donde interactúa con el software y finalmente es quien indica si está satisfecho con lo que está documentado en el caso de uso.

Si, por ejemplo en el paso 6, dijéramos que la lista de vuelos se busca haciendo una intercalación multivía seguida de una selección por reemplazamiento, estaríamos adicionando detalles que confundirían innecesariamente al usuario común y corriente. Es más, ni siquiera tendríamos que mencionar las tablas y mucho menos los componentes involucrados en dicha búsqueda y selección.

¿Está claro cómo y cuándo comienzan y terminan los flujos de eventos del caso de uso?

Si mantenemos el caso de uso en su estado más simple, aunque con el suficiente detalle para pasar al siguiente estado, los momentos de inicio y finalización de cada secuencia de acciones deberían estar a la vista de todos.

Los errores más comunes se encuentran en las secuencias alternativas, al decidir si la acción retorna a la secuencia básica o si el caso de uso termina. También pasa que si el caso de uso tiene varios escenarios a partir de una misma acción, luego de escribir dos o tres de ellos perdamos el foco de la "horizontalidad" del caso de uso y empezamos a cubrir detalles que nos podrían llevar, desde el punto de vista del usuario, por caminos insubstanciales del caso de uso.

¿Los subflujos en el caso de uso están modelados con precisión?

Luego del capítulo 7 no volví a mencionar la palabra modelo. Es falso que cuando estamos documentando casos de uso no estemos modelando, lo que sucede a veces es que perdemos conciencia de que lo estamos haciendo – modelar, aunque sea puramente texto lo que escribamos. De hecho, el modelo de casos de uso es mayormente texto.

Así que cuando hablo de modelar subflujos del caso de uso con precisión, me refiero a que proporcionemos toda la información necesaria al modelo: lugar donde se inicia el subflujo, motivo del subflujo, acciones del subflujo y método de terminación del subflujo.

Cabe decir que los subflujos no son solo secuencias alternativas, también pueden ser "porciones" de la secuencia básica, normalmente, porciones pequeñas y extremadamente simples.

Sí, el concepto clave es **simplicidad**.

¿Está claro quién quiere ejecutar el caso de uso? ¿El propósito del caso de uso también está claro?

Una cosa es especificar un actor y otra es si ese actor representa adecuadamente al grupo de usuarios que ejecutará el caso de uso. Es posible que haya diferencias entre lo que piensa el representante de los usuarios asignado para proporcionar la información del caso de uso y lo que finalmente queda documentado.

Un trabajo de campo, donde aseguremos que varios usuarios lean y acuerden el caso de uso ayuda mucho en estos casos. Así evitamos esa escena de terror que más de uno hemos vivido cuando mucho tiempo después de la especificación, probablemente durante las pruebas de aceptación o ya en producción, nos preguntan "¿quién dijo eso?"

De otro lado, el propósito puede estar implícito a lo largo y ancho de la declaración del caso de uso, o bien puede estar explícito en una sección inicial del mismo. Esta última opción es mi favorita porque permite verificar la consistencia del caso de uso lo mismo que medir su valor para el sistema y para los usuarios.

El propósito, si se especifica, debe escribirse *a priori*, quizás durante la etapa de descubrimiento del caso de uso, para que posea la menos subjetividad posible. Por supuesto, siempre podemos afinarlo, aun antes de presentar el caso de uso para su última revisión.

El propósito debe incluir lo que el actor consigue del caso de uso y también lo que no obtiene. Esto ayuda en las etapas posteriores al resto del equipo de desarrollo del proyecto a construir un sistema de alta usabilidad y gran aceptación.

Recapitulemos hasta aquí:

En la primera parte de este capítulo enunciaba mi Ley de la Terminación del Caso de Uso. Decía que un caso de uso está terminado cuando se cumplen al menos diez de trece condiciones. Las primeras seis condiciones a las que me refería son:

1. ¿El caso de uso tiene especificado el Actor que lo inicia?

2. ¿El caso de uso ha sido leído y entendido por todos los interesados en el mismo, incluyendo representantes de los usuarios finales y los programadores del mismo?

3. ¿La secuencia de comunicación entre el actor y el caso de uso cumple con las expectativas del usuario?

4. ¿Está claro cómo y cuándo comienzan y terminan los flujos de eventos del caso de uso?

5. ¿Los subflujos en el caso de uso están modelados con precisión?

6. ¿Está claro quién quiere ejecutar el caso de uso? ¿El propósito del caso de uso también está claro?

Y aportaba algunos elementos de criterio para hacer la revisión con cada uno de esos puntos.

Estas son las demás condiciones:

¿Las interacciones del actor y la información intercambiada están claras?

¿Es comprensible la forma como el actor proporciona datos al sistema mediante el caso de uso y qué datos suministra? Esto es, establecer si el actor debe seleccionar de una lista o debe digitar el dato o debe escoger una opción de entre un conjunto de posibles alternativas; o si debe especificar la ruta o la dirección de un archivo de datos o si debe autorizar la carga de información mediante un proceso.

También debe hacerse evidente el tipo y mecanismo de validación, si existe, para cada dato intercambiado con el sistema. En este contexto, "hacerse evidente" quiere decir "especificar o documentar", que sea explícito en el caso de uso. No porque algo nos **parezca evidente**, será evidente a los demás, hay que hacerlo incuestionable, axiomático.

¿La descripción breve ofrece un cuadro verdadero del caso de uso?

Aunque la descripción breve no hace parte de la funcionalidad establecida en el caso de uso, esta debe brindar a los lectores del mismo una visión horizontal, concisa, que permita formar imágenes mentales precisas de lo que hace el caso de uso y hasta un bosquejo del mismo.

Durante la fase de exploración del proyecto, la fase de Concepción o Inicio, cuando se descubren los casos de uso, la descripción breve del caso de uso juega un papel muy importante no solo para los analistas y usuarios, sino para el Arquitecto del Software, que cuenta con que le facilitemos estas descripciones para comenzar a elaborar la arquitectura del producto, al menos, la arquitectura preliminar, o para tomar decisiones acerca de llevar a cabo pruebas de concepto o no.

¿La secuencia básica del caso de uso tiene un número de pasos pequeño? (Menos de 20)

El límite puede ser 20, 15, 25, 17, 13, 23. "Pequeño" es un término relativo, eso lo sabemos de sobra. Puede haber casos de uso "grandes", de 30, 50 ó 70 pasos; sin embargo, estos deben ser la excepción. Además, el tamaño es un índice de complejidad, pero no es el único. Y siempre puede suceder que un caso de uso de 50 pasos sea sencillo y uno de 10 pasos sea complejo.

En cualquier caso, cuando el número de pasos de un caso de uso empieza a crecer, debemos también comenzar a pensar en que quizás se pueda dividir. De hecho uno de los lineamientos a seguir para crear casos de uso incluidos es precisamente la máxima de "divide y vencerás" que, en esta oportunidad, podríamos traducir como "divide y entenderás."

Definición 12. Un caso de uso **incluido** es aquel cuyo comportamiento (funcionalidad) puede ser insertado en el comportamiento definido para otro caso de uso, llamado caso de uso **base**.

La inclusión, junto con la extensión y la generalización, son las relaciones que pueden existir entre casos de uso. En el Capítulo 12 de este libro les hablaré en detalle de este asunto de las relaciones entre casos de uso.

¿Está claro que el caso de uso no se puede dividir en dos o más casos de uso?

En el capítulo 7 anotaba que, desde el punto de vista del usuario, un caso de uso es una pieza indivisible de software, simple, con un objetivo exacto y único.

Siempre debemos buscar estas características en el caso de uso. Si observamos que el caso de uso hace varias tareas desacopladas, si la complejidad de algunas de sus acciones lo hace incomprensible para los usuarios o aun para los desarrolladores, si tiene un número excesivo de pasos o de secuencias alternativas, si la profundidad de las anidaciones (decisiones lógicas o ciclos) es mayor de dos (por ejemplo, si hay secuencias alternativas que se derivan no de la secuencia básica o principal, sino de otra secuencia alternativa), si parte de las acciones de un caso de uso se puede "ocultar" deliberadamente (en casos de uso incluidos) sin que se afecte el matiz que se obtenga de su lectura, si para entender el caso de uso se hace necesario acompañarlo de anexos como prototipos de usuario, manifiestos en prosa sobre la funcionalidad del caso de uso u otros elementos de diseño, entonces seguramente será necesario fraccionar la especificación en dos o más casos de uso.

Sí, otra vez, simplicidad es la clave.

¿Para un caso de uso incluido: se probó que si se modifica el caso de uso que lo incluye, el caso de uso incluido no se afecta?

En términos generales, un caso de uso incluido no es autónomo en cuanto a que por sí solo no entrega un resultado de valor observable para el actor. Esto lo convierte en dependiente del caso de uso base.

A pesar de tal interdependencia, el comportamiento de un caso de uso incluido no debe verse sobre-influenciado por un cambio al caso de uso base, sobre todo, cuando la razón de la inclusión es una factorización en la funcionalidad de varios casos de uso, es decir, distintos casos de uso tenían una funcionalidad común que se eliminó de éstos y se incluyó en un único caso de uso incluido por todos los demás.

De esta forma, si al modificar la funcionalidad de uno de los casos de uso, se acomete contra la funcionalidad "incluida", todos los casos de uso que la usan deben someterse a una minuciosa inspección con el fin de mantener la consistencia en el modelo funcional del sistema.

¿Cada caso de uso es independiente del resto?

Es realmente necesario abordar este chequeo con un pensamiento sistémico que nos permita no solo modelar el

---

producto sino también obtener varias perspectivas del modelo.

En particular, al revisar las interrelaciones de los casos de uso en los distintos modelos del sistema, el resultado debe ser uno que exhiba bajo acoplamiento y alta cohesión. **Bajo acoplamiento** quiere decir que hay poca o ninguna interdependencia entre el caso de uso y su entorno (otros casos de uso u otros actores distintos al que ejecuta este caso de uso). Entre tanto, el principio de **alta cohesión** señala que el caso de uso ejecuta una tarea simple y precisa y alcanza un objetivo predeterminado. En este contexto, los casos de uso a los que me refiero son casos de uso concretos, ejecutados por actores del sistema; esto excluye, si me permiten la disfunción, a los casos de uso incluidos y a los abstractos o generalizados. Estos últimos son aquellos que no se implementan, pero que existen para estabilizar el modelo y entenderlo mejor.

Este, que es un patrón común de diseño heredado cuidadosamente de las técnicas estructuradas de programación de computadores, requiere tanto un enfoque de bajo nivel para verificar el acoplamiento, como un punto de vista más alto para cotejar la cohesión. De allí la necesidad de hacer cálculos integrales con los elementos funcionales del sistema, o sea, con los casos de uso.

¿Este caso de uso hace algo muy parecido a otro caso de uso?

De ser así, quizás deberían convertirse ambos en un único caso de uso.

Ocurre mucho con los casos de uso descompuestos funcionalmente, que deberíamos evitar. Estos tienden a parecerse, porque, por ejemplo, uno es para adicionar un elemento y el otro es para actualizar los datos de ese elemento, digamos un producto o un cliente.

Pero en casos de uso no descompuestos funcionalmente también suele suceder, sobre todo, cuando obtenemos la visión de un rango heterogéneo de usuarios y cada uno de ellos expresa sus necesidades de acuerdo a sus criterios y ambiente de trabajo. Reservar Asiento y Comprar Tiquete quizás sean dos casos de uso distintos, pero también pueden llegar a convertirse en uno solo, dependiendo de la meta que se quiera alcanzar con uno u otro.

¿Y qué hacer con los casos de uso cuando están terminados?

Realmente no es necesario terminar un caso de uso para continuar con su ciclo de vida. Desde la descripción breve y el esbozo que se obtiene durante la fase de Inicio del proyecto, ya es posible empezar a hacer el análisis y diseño del caso de uso. En este punto el arquitecto puede considerar distintas variables para seleccionar los casos de uso más críticos o complejos para la arquitectura del software, aquellos que definen las bases del producto a construir.

Más adelante, durante cada una de las iteraciones, al completar la secuencia básica es factible diseñar prototipos, "realizar" los casos de uso y comenzar a implementarlos. Y también es posible diseñar los casos de prueba.

Realización de casos de uso es el tema del siguiente capítulo del libro.

11. Realización de Casos de Uso: De los Objetos y sus Interacciones

Presentación

¿Es familiar para alguno de ustedes esta imagen?

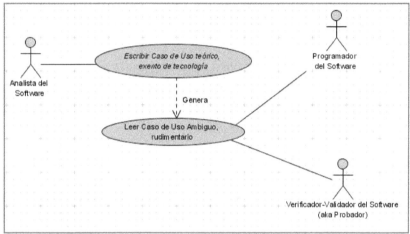

Figura 1: Meta-Modelo de un proceso de desarrollo de software mal-ejecutado

Este meta-modelo muestra un paradigma muy común en los equipos de desarrollo de software en el que la substancia de los emisores (los analistas) no se coordina con la idiosincrasia de los receptores (los programadores y los verificadores). Lo que está sucediendo es que el formato en el que se emite y el formato en el que se recibe (para usar términos reconocibles por nosotros) no son compatibles en el sentido en que unos y otros ven las cosas de distinta forma: mientras los Analistas observamos el universo del problema desde una perspectiva de usuario final, los Programadores lo hacen con una visión técnica y tecnológica de las cosas. Mientras el Analista habla (escribe) en términos de necesidades, causas raíz, características, requisitos y solicitudes, el Programador espera recibir expresiones orientadas al método (orientado-a-objetos, orientado-a-aspectos o a algún otro similar): clases, tablas, objetos, controles visuales, entre otros.

Esta cacofonía por antonomasia, esta genuina desproporción de los formatos de emisión y recepción que nacen (durante la Concepción del sistema) y evolucionan (a lo largo de la Elaboración y Construcción) de manera asimétrica por la simple causa de que una se apoya en lo biológico (las necesidades y los requisitos vienen de seres humanos) mientras que la otra se soporta en la mecánica y en la electrónica (las tablas, los índices y los objetos necesitan de una máquina para vivir), esta situación en la que la comunicación (entre Analistas y Programadores) se torna en un procedimiento irregular y embrollado, esta disyuntiva es la que me ocupa en este capítulo.

Ahora bien, puesto que el análisis y diseño orientado a objetos es ciertamente un proceso dinámico, debo elegir desde que ángulo presentarlo. Como con el mismo proceso de desarrollo de software, mostrar un estado "final" muchas veces da al lector falsas expectativas de estar en lo correcto desde el primer intento, mientras que con un primer acercamiento se puede exhibir un sistema incompleto o peor aún, erróneamente entendido. En este capítulo elegí compartir mi trabajo a partir de un enfoque temprano, corriendo el riesgo de darle al lector inexperto algunas falsas concepciones acerca de lo que son el análisis y el diseño orientados a objeto. Es un buen reto, sobre todo porque me da la oportunidad de reducir ese riesgo al mínimo, al punto de hacerlo desaparecer a lo largo de la explicación que tengo planeada en esta exposición; al final de la misma, espero, el Diseñador orientado a objetos habrá entendido las cuestiones básicas y algunas no tan básicas de la realización de casos de uso desde una perspectiva sistémica. Si eso sucede, al menos para un pequeño grupo de lectores, entonces habré cumplido mi misión.

Aquí vamos otra vez.

Sobre el Lenguaje de Modelado Unificado

Definición 19: "El Lenguaje de Modelado Unificado es un lenguaje visual para especificar, construir y documentar los artefactos de los sistemas. UML es un lenguaje de modelado de propósito general que puede ser usado con todos los métodos orientados a objetos y a componentes y puede ser aplicado a todos los dominios de aplicación (por ejemplo, salud, financiero, telecomunicaciones, aeroespacial) y a distintas plataformas de implementación (por ejemplo, J2EE y .NET)." [1]

En este contexto, **Especificar** significa enumerar y construir modelos que son precisos, no ambiguos y completos. UML dirige la especificación de todas las decisiones importantes de análisis, diseño e implementación [2]. Mientras tanto, **Construir** quiere decir crear o modificar diagramas y modelos, usualmente basados en la existencia y estado de otros símbolos base o de otros diagramas. Los modelos que se construyen con UML están relacionados con los lenguajes de programación orientados a objetos. UML se usa para hacer Ingeniería Hacía Adelante, esto es, un mapeo directo de un modelo UML con código fuente. UML también se usa para hacer Ingeniería en Reversa, o sea, una reconstrucción de un modelo UML desde una implementación específica, normalmente en un lenguaje OO [3]. UML además se usa para **Documentar** la arquitectura de los sistemas, los requisitos, las pruebas y actividades como planeación del proyecto y manejo de la entrega del producto [4].

Como cualquier lenguaje, UML tiene una sintaxis y una semántica. La sintaxis de UML está compuesta por un conjunto de construcciones gráficas útiles para especificar diagramas y modelos de sistemas [5]. Cada uno de estos símbolos tiene un significado de manera independiente, como lo tienen las palabras reservadas *Begin*, *End* y *While* en Pascal o los términos *private*, *void* y *string* en C# (léase C Sharp) [6].

La semántica de UML es la que nos dice, por ejemplo, que un Actor solo se puede "comunicar" con el sistema a través de los casos de uso mediante una relación de Asociación, o que un paquete puede estar compuesto de Clases, Casos de Uso, Componentes u otros Paquetes y que existen distintos tipos de diagramas, a manera de modelos, que pueden ser construidos a partir de uno o más símbolos de UML [7]. De esta manera, podemos construir "instrucciones válidas" en UML como las que ilustro en la figura 2, que resulta ser un Diagrama de Casos de Uso, un espécimen del que hablaré más adelante.

Pueden encontrar más de UML en el Capítulo 1 de este libro: Prolegómenos Sobre el Lenguaje de Modelado Unificado (UML).

El Caso de Estudio (o sea, el Ejemplo)

Consideremos el siguiente caso de uso típico de ingreso al sistema de reserva de reservaciones aéreas:

Caso de Uso: Ingresar al Sistema

Actor: Pasajero Frecuente

Descripción: Este caso de uso permite al Pasajero ingresar al sistema de Reservas usando su número de pasajero frecuente y la contraseña actual. El caso de uso además muestra los datos detallados del pasajero registrado.

Objetivo: Suministrar al usuario Web del sistema de Reservas una interfaz amigable que le permita acceder rápidamente a las principales opciones del sistema.

Precondiciones

Ninguna

Secuencia Básica:

1. El caso de uso inicia cuando el pasajero decide ingresar al sistema

2. El sistema solicita el código (número) de pasajero frecuente y su respectiva contraseña

3. El pasajero ingresa su número y contraseña

4. El sistema busca los datos del pasajero, valida que el número y la contraseña del mismo coincidan con los registrados previamente.

5. El sistema solicita confirmación para mostrar los datos completos del pasajero

6. El pasajero confirma que quiere ver sus datos

7. El sistema muestra los datos detallados del pasajero

8. El caso de uso termina

Secuencia Alternativa 1

4A. El número de pasajero o la contraseña no coinciden.

4A1. el sistema muestra el mensaje: "Los datos proporcionados del pasajero no coinciden con los registrados en el sistema. Verifique."

4A2. El caso de uso continúa en el paso 2.

Poscondiciones

El pasajero puede realizar diversas transacciones en el sistema como Reservar Vuelos, Cancelar Reservas, Cambiar su Clave, Modificar su Perfil, Pagar una Reserva o Cambiar los datos de una reserva.

Requisitos Especiales

Por razones de seguridad, el sistema solo muestra los cuatro últimos dígitos de la tarjeta de crédito del pasajero.

Por razones de seguridad, el sistema no indica cual de los datos (número o contraseña) está erróneo.

Advertencia: aunque éste es un caso de uso terminado, es de una situación simulada. Si lo usa en algún proyecto es bajo su propia responsabilidad. Todos los nombres y lugares han sido cambiados para proteger la identidad de los culpables.

Puesto que se trata de un enfoque holista, no puedo continuar sin poner en perspectiva este caso de uso. Hablo de ubicarlo dentro de un sistema, en este caso, de un sistema de reserva de vuelos en el que además se pueda cancelar una reserva, pagar por el vuelo (con tarjeta de crédito, por ejemplo), cambiar la reserva (algunos de sus datos, como la fecha de regreso, por ejemplo), confirmar una reserva, hacer apertura y cierre de vuelos por parte de las aerolíneas y mantener información de los aeropuertos, entre otras funcionalidades. Las cosas así, el diagrama de casos de uso de la figura 2 nos muestra una vista funcional del sistema.

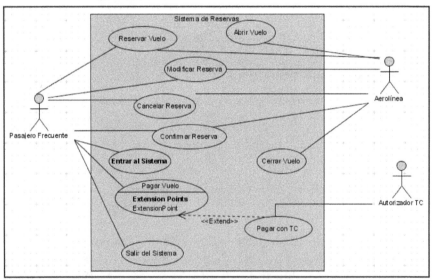

Figura 2: Algunos casos de uso del Sistema de Reserva de Vuelos

---

Con este conato de modelo en mente, volvamos a nuestro caso de uso.

Interacciones

Las Interacciones son usadas en diversas situaciones: para tener un mejor control de una situación de interacción por parte de un diseñador individual o por un grupo de personas que necesita lograr una interpretación común de la situación. Las interacciones también son usadas durante la fase de diseño más detallada donde la comunicación precisa entre procesos debe ser establecida de acuerdo a protocolos formales. Cuando se ejecutan las pruebas, las secuencias de ocurrencias de eventos del sistema pueden describirse como interacciones y compararse con las de fases anteriores. [8]

En UML 2.x hay tres clases de diagramas de Interacción: Diagrama de Secuencia, Diagrama de Comunicación y Diagrama de Revisión de Interacciones (nuevo a partir de la versión 2.0 de UML).

Los Diagramas de Comunicación muestran las interacciones a través de una vista arquitectónica de las líneas de vida de los objetos en donde la secuencia de Mensajes es dada a través de un esquema de numeración secuencial. Mientras tanto, los Diagramas de Revisión de Interacciones definen Interacciones a través de una variante de los Diagramas de Actividad promoviendo la revisión del flujo de eventos. En estos diagramas de Revisión se omiten las Líneas de Vida y los Mensajes entre ellas.

En lo que sigue, me concentraré en los Diagramas de Secuencia, que se enfocan en el intercambio de mensajes entre las Líneas de Vida de los objetos.

Diagramas de Secuencia, Paso a Paso

Un Diagrama de Secuencia muestra una vista de las entrañas del sistema, cómo se van a suceder las funciones (expuestas normalmente en un caso de uso o en un conjunto de casos de uso) a partir de la activación de un Actor (una persona). En general, un diagrama de secuencia se usa para modelar la lógica del sistema (de uno o más casos de uso del sistema al tiempo, o de parte de un caso de uso). Este tipo de diagrama muestra precisamente el orden temporal en el que ocurren las acciones en un sistema. Estas acciones son especificadas en términos de Mensajes entre los objetos que interactúan en el modelo. Además, son modelados a nivel de objetos en vez de a nivel de clases para permitir escenarios que usan más de una instancia de la misma clase y para trabajar a nivel de hechos (reales), datos de prueba y ejemplos. Y más aún, el diagrama de secuencia muestra una vista dinámica del sistema (o de parte de este), en contraposición a lo que hace por ejemplo el diagrama de clases, que presenta un panorama estático del mismo sistema.

De acuerdo con Ivar Jacobson, la parte más importante del así llamado análisis dinámico es la **realización del caso de uso,** nombrada así puesto que con ellos hacemos **realidad** el caso de uso mediante la demostración de cómo puede implementarse a través de la colaboración entre objetos. La realización de casos de uso tiene tres pasos esenciales:

1. Ir a través de (caminar por) los casos de uso del sistema simulando los mensajes enviados entre objetos y almacenando los resultados en diagramas de interacción.

2. Agregar operaciones a los objetos que reciben los mensajes.

---

3. Adicionar clases para representar límites (interfaces del sistema) y controladores (un receptáculo para procesos del negocio complejos o para la creación y recuperación de objetos), cuando sea necesario.

En nuestro ejemplo, el caso de uso inicia cuando el **Pasajero** decide **Ingresar al Sistema.** Este es el punto de partida, la activación del proceso. La primera pregunta que tratamos de responder es: ¿mediante qué mecanismo (de interacción) el pasajero le indica al sistema que quiere autenticarse? Esta es una pregunta simple que tiene una respuesta simple: mediante un formulario llamado, coincidentemente, Ingresar al Sistema. Si asumimos que estamos desarrollando una aplicación para Internet, este formulario se encuentra en una página Web (no entraré en el detalle de la plataforma de implementación, del lenguaje de programación o de la base de datos a usar para la producción de este sistema). En este escenario, el actor le envía un mensaje a (interactúa con) un formulario llamado **Ingresar al Sistema** (que no es más que una instancia –un objeto – de una página Web.

Anotación: estoy usando una definición amplia e indistinta de los términos Instancia, Objeto y Clase. En el Capítulo 6 abordé ampliamente el tema específico de la orientación a objetos y expliqué los detalles de tales conceptos.

La figura 3 muestra entonces la interacción inicial entre el actor (el pasajero) y el sistema (la página Ingresar al Sistema). El diagrama de la figura muestra dos Líneas de Vida.

Definición 20: Una **Línea de Vida** representa un participante individual en la Interacción. Cada Línea de Vida se conoce como una entidad interactuante [9]. Simplificando, una Línea de Vida es una instancia de una clase (si nos encontramos a la altura del análisis del sistema, esta es realmente una **instancia potencial**) que muestra su propio ciclo de vida, desde la creación (que puede ser implícita o explícita), pasando por diferentes estados, hasta su destrucción (que también puede ser implícita o explícita).

Definición 21: Un **Mensaje** define una comunicación específica entre las Líneas de Vida de una Interacción. La comunicación puede ser de diversos tipos: el envío de una señal, la invocación de una operación, la creación o destrucción de una instancia [10], entre otras. Con el Mensaje se pueden identificar tanto el Emisor (el objeto que envía el mensaje) como el Receptor (el objeto que recibe el mensaje). Este último es el que finalmente implementará la funcionalidad (las operaciones) que se requiere para que el sistema procese el Mensaje.

En el diagrama, el mensaje es "Ingresar". El mensaje tiene dos argumentos: Número y Contraseña del Pasajero.

Por ahora, esta interacción nos resuelve los pasos 1 a 3 del caso de uso, en los que el sistema solicita el número y contraseña del pasajero y este los ingresa. Lo que sigue es que el sistema busca y valida los datos de ese pasajero en particular.

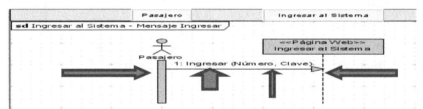

Figura 3: Diagrama de Secuencia Inicial del Caso de Uso Ingresar al Sistema

Puesto que normalmente estaríamos en una fase en la que ya se conoce al menos una arquitectura preliminar o candidata del sistema, como diseñadores seguimos los patrones o las restricciones impuestas por esa arquitectura. En este caso, asumamos que nos enfrentamos a un diseño de varias capas en el que la interfaz de usuario no se comunica directamente con la base de datos. En este caso, la página Ingresar al Sistema debe transferir la solicitud de acceso a otro elemento del modelo que bien podría ser un objeto, una instancia de un Controlador de Pasajeros, como lo muestra la figura 4.

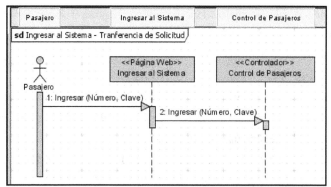

Figura 4: Transferencia de la Solicitud de Ingreso al Sistema

Quiero detenerme unos instantes en este asunto de las restricciones impuestas por la arquitectura del software. Resulta que durante parte del proceso de desarrollo, los analistas, diseñadores, programadores y demás miembros del equipo nos encontramos en un proceso creativo, un proceso de descubrimiento constante, desde los objetos del dominio (del negocio) durante el modelado del negocio, pasando por los requisitos (en términos de casos de uso) y las clases y las tablas del sistema, hasta muchas de las líneas de código que escribimos. Eso es lo que hace que nuestra profesión siga siendo un "arte", poco precisa y hasta llena de dilemas y ambigüedades. Pues bien, resulta que la Arquitectura es uno de esos "artilugios" que tenemos para guiar ese proceso de hallazgo al que nos enfrentamos. La arquitectura define o establece un conjunto de elementos estructurales que se nutren de decisiones de diseño, reglas o patrones que restringen ese diseño y la construcción misma del software.

Ahora bien, si nos ceñimos a las reglas arquitecturales (o arquitectónicas), el número de salidas que encontremos para un caso de uso o para un conjunto de ellos puede ser grande. La solución que estoy exponiendo es la de una transacción "tipo", un patrón determinístico que se puede usar en la gran mayoría de los escenarios que nos ocupan día a día.

Volvamos al ejemplo. Este recién llegado Controlador de Pasajeros es quien puede comunicarse con algo así como una Relación de Pasajeros, un inventario que conozca los datos de todos los pasajeros registrados en el sistema. Este repertorio, bien podríamos llamarlo **Catálogo de Pasajeros** y dependiendo del momento por el que atravesemos en el proceso de desarrollo, este elemento bien podría permanecer en la abstracción conceptual de lo que ordinariamente conocemos como catálogo (durante el análisis) o bien podría ser una instancia de una Clase (realmente una Colección) de Pasajeros (más tarde en el diseño), hasta llegar a ser una Tabla de la base de datos (durante la implementación de la solución). Por ahora, solo será el Catálogo de Pasajeros, simple.

Y es a este catálogo al que el Controlador de Pasajeros le puede indagar por los datos del pasajero que acaba de suscribir la solicitud de acceso, como lo dibujo en la figura 5.

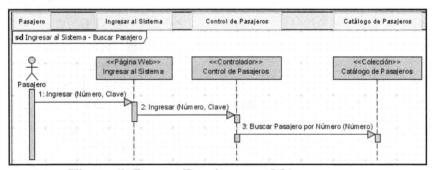

Figura 5: Buscar Pasajero por Número

Sabemos que hay dos alternativas posibles: que el pasajero se encuentre registrado en el catálogo o que no se encuentre registrado. En este diagrama solo ilustraré la primera opción. Una vez los datos del pasajero han sido localizados, el Catálogo de Pasajeros puede hacer dos cosas: informar a Control de Pasajeros y crear un nuevo objeto, finalmente, el

Pasajero. Este nuevo objeto tiene todos los datos del pasajero y conoce todas las funciones que un pasajero (una persona) puede desempeñar en el sistema. ¡Es un Humanoide Virtual!

En la figura 6 podemos observar el instante preciso en el que se crea la instancia del Pasajero, justo después de que el Control de Pasajeros recibe la notificación de que el pasajero en proceso existe.

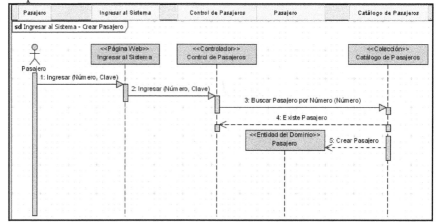

Figura 6: Crear la Entidad Pasajero

En esta versión del diagrama de secuencia aparecen dos nuevos tipos de mensaje: el mensaje **4: Existe Pasajero** devuelve una confirmación del registro de pasajero al Controlador de Pasajeros; mientras tanto, el mensaje **5: Crear Pasajero** crea un nuevo objeto del sistema, Pasajero. Aquí, el título del mensaje, nemotécnico por demás, no es el que advierte de la creación del objeto, es más bien el lugar en el diagrama donde aparece la instancia recién-creada, mucho más abajo de donde inician las demás líneas de vida de esta realización.

Bueno, al parecer ya tenemos las identidades de todos los entes interactuantes que nos permitirán terminar de implementar el caso de uso Ingresar al Sistema o, al menos, uno de sus escenarios. El paso 4 del caso de uso: El sistema busca los datos del pasajero, valida que el número y la clave del mismo coincidan con los registrados previamente, se puede implementar como muestra la figura 7.

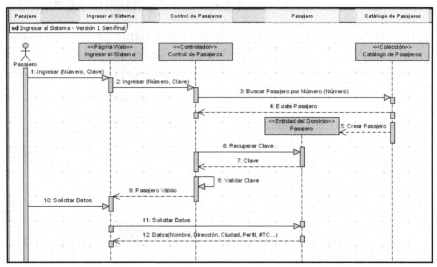

Figura 7: Diagrama de Secuencia del Caso de Uso
Ingresar al Sistema (versión 1 – Beta)

La imagen también muestra los demás pasos de la secuencia básica del caso de uso. Observamos que la Entidad Pasajero se convierte en una fuente de información para el resto de elementos del modelo ya que representa, como establecí antes, un pasajero real.

En esta versión del diagrama también aparece un nuevo tipo de mensaje (**8: Validar Clave**). Este es un mensaje Reflexivo (o Auto-Mensaje), en el que el origen y el destino del mensaje son el mismo objeto. No confundir con mensaje recursivo, que es un mensaje reflexivo que se ejecuta recursivamente (se llama a sí mismo durante su ejecución).

De otro lado, los mensajes 11 y 12 comunican directamente la interfaz de usuario con la entidad Pasajero. Si volvemos a los patrones arquitectónicos quizás deberíamos evitar este tipo de interacción y pasar siempre a través del Controlador de Pasajeros. Esta es apenas una primerísima versión, bien podrían existir algunas otras antes de lograr una que sea definitoria para el sistema.

De Estereotipos y Otros Menesteres

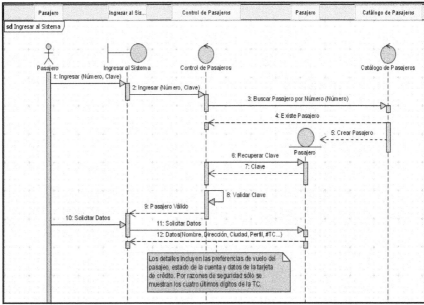

Figura 8: Diagrama de Secuencia del Caso de Uso Ingresar al Sistema con Estereotipos

Un estereotipo es el mecanismo que proporciona UML para que podamos extender las construcciones útiles de diseño. Un estereotipo puede ser visto como un clasificador de clases o de otros elementos del lenguaje, es decir, adicionan un nuevo nivel al árbol de jerarquías en un modelo. Los estereotipos también sirven para representar objetos (físicos o virtuales) de una manera más cercana a la realidad de los mismos. De esta forma, Página Web (o Página HTML o Página ASP), Formulario Windows, Controlador, Entidad del Dominio, Colección, Tabla y Procedimiento Almacenado son estereotipos válidos que aplican al elemento base **Clase** de UML, mientras que Reporte, Proceso por Lotes, Ingreso de

Datos y Transacción bien podrían ser estereotipos aplicables al elemento base **Caso de Uso** de UML.

La sintaxis de estos clasificadores es: <<Nombre del Estereotipo>>,como en <<Colección>>.

Algunos de estos estereotipos (usados en el ejemplo), cuyo uso se ha difundido ampliamente en la comunidad de desarrollo, ya tienen su propia sintaxis, como revelo en la figura 8. Ingresar al Sistema tiene un estereotipo *boundary* (límite), Control de Pasajeros y Catálogo de Pasajeros tienen un estereotipo *control*, mientras que Pasajero tiene un estereotipo *entity*. Cada uno de estos clasificadores tiene también su propia semántica: las clases límite representan interfaces con los usuarios o con otros sistemas; las clases controladoras son las responsables de manejar el flujo o la lógica de un caso de uso y coordina la mayoría de sus acciones; por su parte, las clases entidad simbolizan las unidades de información operadas en el sistema, normalmente son elementos pasivos y persistentes en cuanto muchas veces la información que encapsulan en almacenada en algún tipo de repositorio de datos.

En esta figura, también aparece una Nota de UML, que es el equivalente de un comentario en un lenguaje de programación como C++ o Java. Las notas se pueden asociar a una línea de vida, a un mensaje, a un argumento del mensaje o a cualquier otro elemento sustancial del modelo.

Comentarios Finales

Los diagramas de secuencia se pueden usar en distintas etapas del ciclo de vida, desde el análisis primitivo de los casos de uso, utilizando abstracciones clave del sistema, hasta el diseño detallado, explotando muchos de los recursos del lenguaje de modelado unificado. De esta manera, constituyen un conducto natural entre la especificación de requisitos funcionales y no funcionales por parte de los Analistas y Arquitectos del software y la implementación y prueba de los mismos por parte de los Programadores y Verificadores del sistema.

Que cuantos diagramas son necesarios por caso de uso es una cuestión que dejo a las condiciones particulares de cada proyecto y dentro de este, a cada caso de uso. Primero es importante reconocer que no todos los casos de uso necesitan de un diagrama de secuencia para ser implementados (y en este subconjunto quizás entre el propio caso de uso que usé de ejemplo y que quizás solo sirve para ilustrar los principales conceptos de la realización de casos de uso). Entonces, el paso a seguir es decidir cuáles son los casos de uso que definen la arquitectura del sistema, es decir, los más complejos o riesgosos desde el punto de vista arquitectónico; de estos, los escenarios que abarquen más elementos del modelo (extensión) y que incluyan muchos mensajes entre ellos o mensajes que impliquen procesos delicados o laboriosos (profundidad), son los mejores candidatos, los más útiles, para diseñar con ellos el sistema a través de diagramas de secuencia. Habitualmente, estos casos de uso son los que se implementan durante la fase de Elaboración del proyecto y a menudo requieren de información suplementaria para su diseño: requisitos especiales, arquitectura, restricciones de diseño, longitud y tipos de datos y al final del diseño, restricciones de la plataforma de implementación. Los demás casos de uso, aquellos que son más fáciles o directos de implementar encontrarán, si hicimos bien el trabajo, un camino de ida hacía los elementos (clases, objetos, controles, tablas) que se usaron para realizar los primeros.

Los diagramas de secuencia constituyen así un medio de comunicación efectivo que cura esa fisura, a veces insondable, a veces abierta, que supone el paso de la especificación de requisitos a la programación de los sistemas de cómputo. Ahora bien, lograr comunicar un diagrama, y por extensión un modelo, demanda discernimiento y práctica, pues el diseño (orientado a objetos) de software es por ley un proceso formal y para ejecutarlo debemos adquirir los fundamentos (que rayan en lo estrictamente teórico) para que luego la práctica habitual nos permita perfeccionar la técnica y desarrollar mejores productos en cada nuevo intento.

¡Funciona para mí!

Referencias

[1] Object Management Group –OMG. UML Infrastructure Specification, v2.1.1. Page 9.

[2], [3], [4], [5], [6], [7] Salazar Caraballo, Luis A. Prolegómenos Sobre el Lenguaje de Modelado Unificado

[8] Object Management Group –OMG. UML Superstructure Specification, v2.1.1. Page 457.

[9] Object Management Group –OMG. UML Superstructure Specification, v2.1.1. Page 489.

[10] Object Management Group –OMG. UML Superstructure Specification, v2.1.1. Page 491.

12. Casos de Uso: de Extensiones y de Inclusiones

> "El hombre vive fascinado por la inmensidad de la eternidad y nos preguntamos: ¿Nuestras acciones perdurarán a través de los siglos? ¿Gente que no conocemos oirá nuestros nombres mucho después de nuestra muerte? ¿Y se preguntarán quiénes éramos, cuán valientemente peleábamos, cuán ferozmente amábamos?"
>
> **Wolfgang Petersen** (Troya, 2004)

Introducción

Les había prometido hablar de las relaciones entre los casos de uso. Pues bien, he querido extender el tema hacia el no menos complejo asunto de modelar sistemas de información mediante casos de uso. Trataré de mantener una posición minimalista: abordaré solo la cuestión relacionada con el diagrama de casos de uso.

Básicamente, un diagrama de casos de casos de uso está compuesto de Actores y Casos de Uso, y las relaciones entre los unos, entre los otros y entre los unos y los otros.

Para recordar qué es un Actor podemos leer la Definición 5 en el capítulo 8 del libro. Para recapitular sobre Casos de Uso, podemos leer esencialmente los capítulos 7, 8, 9 y 10 del libro. Del capítulo 1, los prolegómenos de UML, sabemos que podemos usar UML para especificar, visualizar, construir y documentar los artefactos de sistemas de software.

Generalización de Actores

Dos o más Actores se relacionan entre ellos mediante la **Generalización** (de actores). Esta relación significa que uno o más actores pueden heredar las características, pero mejor aún, las responsabilidades de otro actor del sistema. Un Vendedor de Licencias de Software y un Vendedor de Servicios de Ingeniería tienen al menos una responsabilidad en común, una actividad: Registrar Cliente. Si los roles se interceptan en dos o más actividades en el sistema, es posible entonces, por razones de organización del modelo, de abstracción y de simplicidad, crear un nuevo actor: Vendedor de Productos y Servicios. Este parentesco se diagrama como muestro en la Figura 1.

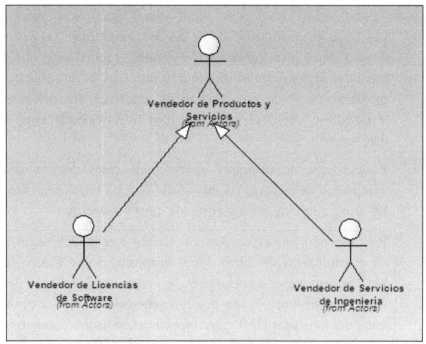

Figura 1: Diagrama parcial de Actores de un Sistema CRM

Además, muchas veces enfrentamos el dilema en el que un caso de uso es ejecutado por dos o más actores. Como en un sistema de Administración de Proyectos, donde el Gerente de Proyectos puede Matricular un Proyecto, pero también lo puede hacer el Gerente de la Oficina de Proyectos. Una mala idea es expresar esta situación como lo hago aparecer en la Figura 2.

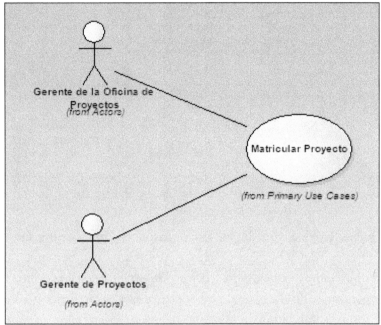

Figura 2: Diagrama Incorrecto de Casos de Uso de un Sistema de Administración de Proyectos

En cambio, usamos la generalización, creando un actor que desde el punto de vista del negocio y del usuario es Abstracto: el Administrador de Proyectos. Entonces, el diagrama se convierte en algo como lo que sugiero en la Figura 3.

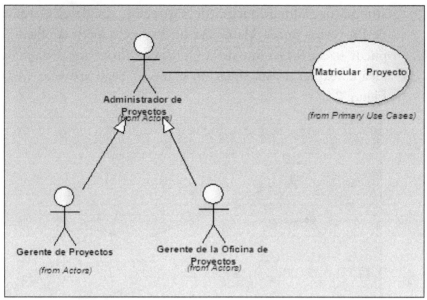

Figura 3: Diagrama Correcto de Casos de Uso de un Sistema
de Administración de Proyectos

Quizás lo que sucede en estos casos es que confundimos
Actores del Negocio con Actores del Sistema o,
simplemente, cargos o roles de las personas en la
organización para la cual se construye la aplicación con roles
o responsabilidades de esas personas en el sistema. Ese no es
el camino.

Por último, tengamos en cuenta el sentido de la
generalización de actores: los casos de uso ejecutados por el
actor padre son en la práctica ejecutados por los hijos. En el
diagrama, además, es opcional "dibujar" los actores hijos.
Podría ser suficiente con decir en la descripción del actor
Administrador de Proyectos que el rol puede ejecutarlo un
gerente de proyectos o el (la) gerente de la oficina de
proyectos.

Relaciones Entre Actores y Casos de Uso

Un Actor se comunica con casos de uso, componentes y clases [3]. Esta comunicación se representa mediante la relación de Asociación (binaria). En Particular, nos interesa la relación entre el actor y el caso de uso. Esta relación muestra el actor que inicia o ejecuta el caso de uso, normalmente una persona o un grupo de personas, pero también cualquier entidad externa al sistema, como otra aplicación o maquinaria especial.

Las figuras 3, 4, 5 y 6 muestran relaciones típicas de asociación entre actores y casos de uso.

En estos diagramas, la constante es que la relación es en ambos sentidos, es decir, es una relación de toma y dame, "el actor hace algo – el sistema hace algo". Pero también se presentan casos donde la asociación es en un solo sentido, o hacia el caso de uso o hacia el actor. Estas situaciones son comunes cuando el actor no es una persona, sino un software externo o una máquina. Como en la Figura 4, donde al ejecutarse la funcionalidad de registrar un cliente que es persona natural, el sistema CRM le comunica al sistema contable que matricule un tercero.

En este diagrama, la funcionalidad que va al sistema externo se representa como un caso de uso "incluido", una relación de la que hablaré en breve. Pero en la práctica, la comunicación puede ir directamente del caso de uso principal al sistema externo.

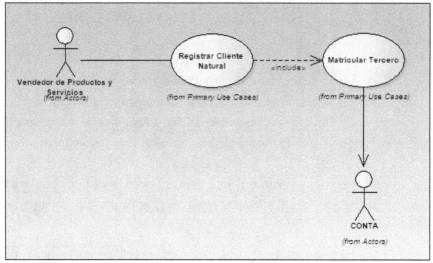

Figura 4: Diagrama Parcial de Casos de Uso donde interviene un sistema externo

Casos en los que un actor se relaciona con una clase o un componente, se presentan cuando el actor es un sistema externo que envía o recibe datos del sistema principal o cuando, siendo persona, el actor se comunica con el sistema vía una página Web, relación que se representa como una clase en la aplicación. Este último caso aparece en los diagramas de Interacción, como los de Secuencia o de Comunicación.

Relaciones Entre Casos de Uso

Este es la materia que genera más polémica y la que es menos entendida en la comunidad TI, así es que trataré de ir más despacio.

Dos o más casos de uso se pueden relacionar entre ellos para distintos propósitos: distribuir mejor el modelo, establecer condiciones de reusabilidad (de funcionalidad), de incrementos del software, y para planear las iteraciones, entre otros. Las relaciones son de tres tipos: de Inclusión, de

Extensión y de Generalización. Enfatizaré en las dos primeras.

Relación de Inclusión

Una relación de inclusión define que un caso de uso contiene el comportamiento definido en otro caso de uso [4].

Una relación de inclusión es una relación de un caso de uso base a un caso de uso incluido en la que se especifica como el comportamiento definido en el caso de uso incluido es explícitamente insertado en el comportamiento del caso de uso base [1]. Decimos entonces que el caso de uso incluido es abstracto, es decir, no es ejecutado directamente por un actor.

Esta relación se usa cuando queremos:

☑ Factorizar o descomponer (en sentido matemático) el comportamiento del caso de uso base que no es necesario para entender el objetivo principal del mismo y donde solamente el resultado del caso de uso incluido es importante.

☑ Distribuir en uno o más casos de uso, funcionalidad del caso de uso base que es común para dos o más casos de uso (reusabilidad).

La primera opción se usa especialmente en casos de uso largos o complejos donde algunas partes del mismo no son relevantes para el sentido primordial del caso de uso y no son necesarias, en primera instancia, para entenderlo y aprobarlo. Por ejemplo, un caso de uso para Ingresar un Cliente de Naturaleza Jurídica puede solicitar docenas o cientos de datos que se pueden agrupar de acuerdo a algunos criterios como Datos Generales, Datos del Tipo de Entidad y Naturaleza Jurídica, Datos del Gerente o Representante Legal, Datos de los Contactos, Referencias Comerciales, entre otros. Algunos de estos grupos de datos pueden incluirse en casos de uso complementarios que son ejecutados desde el caso de uso principal que podría lucir así:

Caso de Uso: <u>Registrar Cliente Jurídico</u>

Actor: Vendedor de Productos y Servicios

Descripción: este caso de uso permite registrar los datos de una persona de naturaleza jurídica…

Secuencia Básica:

1. El caso de uso inicia cuando el **Actor** decide registrar los datos de una persona jurídica

2. El sistema pide seleccionar la ciudad y oficina de vinculación

3. El actor selecciona la ciudad y oficina de vinculación

4. …

   …

12. Se ejecuta el caso de uso Registrar Datos del Tipo de Entidad y Naturaleza Jurídica

13. Se ejecuta el caso de uso Registrar Datos del Gerente o Representante Legal

14. Se ejecuta el caso de uso Registrar Datos de las Referencias Comerciales

15.…

…

17. El caso de uso termina

Poscondiciones: N/A

Requisitos Especiales: N/A

En este ejemplo, en los pasos 12 a 14 se ejecutan distintos casos de uso de los que, en principio, no interesa el resultado. La expresión clave es "en principio". En el diagrama correspondiente e la Figura 5 también muestro la segunda posibilidad de inclusión, la reusabilidad, con el caso de uso

Verificar Centrales de Riesgo, que se ejecuta desde varios casos de uso del modelo.

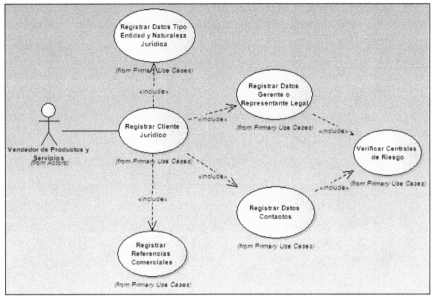

Figura 5: Diagrama parcial del caso de uso Registrar Cliente Jurídico

Algunos aspectos de los casos de uso incluidos que debemos tener en cuenta son:

☑ Un caso de uso incluido no contiene una funcionalidad significante para la arquitectura del sistema, especialmente para la vista funcional o de casos de uso.

☑ Un caso de uso incluido se puede *"prototipar"* en las primeras de cambio, es decir, durante el análisis y el diseño del mismo, el diseñador se puede concentrar en el caso de uso base y omitir los detalles particulares del caso de uso incluido.

☑ Un caso de uso incluido no debe usarse como excusa para hacer descomposición funcional, es decir, tener uno o más casos de uso incluidos que especifiquen aspectos CLAB (creación, lectura, actualización o borrado – CRUD en inglés) o que estén vinculados a usuarios concretos, o completamente ligados a un componente del sistema o a un componente arquitectónico específico, o vinculados a una pantalla o función de usuario determinada, o en algún paso de su secuencia ejecutan otros casos de uso incluidos (asunto este que debería evitarse tanto como se pueda).

Para saber más de casos de uso funcionalmente descompuestos ver **Definición 3** en el Capítulo 7 del libro.

☑ Un caso de uso incluido está incompleto por naturaleza, es decir, por sí solo no arroja un resultado observable para el actor, o es un resultado parcial, o sus escenarios dependen de lo que ha pasado antes en el caso de uso principal.

☑ Un caso de uso incluido no es ejecutado por un actor distinto al actor del caso de uso base. Sin embargo, un caso de uso incluido puede tener asociado un actor pasivo o secundario, normalmente cuando este actor recibe o entrega información al caso de uso incluido, como anotaba en la Figura 4.

☑ Un caso de uso incluido no se usa para especificar procesos automáticos o semiautomáticos que el sistema realiza en su totalidad sin interacción con el usuario.

☑ Un caso de uso incluido siempre se implementa con el caso de uso base o antes, si se trata de un caso de uso que expone funcionalidad común. En otras palabras, el caso de uso incluido se implementa durante la misma iteración en que se implementa el caso de uso principal que lo incluye.

☑ Un caso de uso incluido no es condicional, es decir, si al ejecutar el caso de uso base se alcanza el paso donde se ejecuta el caso de uso incluido, este se ejecuta. Por supuesto, la ejecución de la funcionalidad incluida puede depender de si se cumple una condición o no en el caso de uso base, pero esta condición debe especificarse explícitamente en el caso de uso principal, como apunto en el paso 8 del ejemplo siguiente:

Caso de Uso: <u>Registrar Cliente Natural</u>

Actor: Vendedor de Productos y Servicios

Descripción: este caso de uso permite registrar los datos de una persona natural.

Secuencia Básica:

1. El caso de uso inicia cuando el **Actor** decide registrar los datos de una persona natural

2. El sistema pide seleccionar la ciudad y oficina de vinculación

3. El actor selecciona la ciudad y oficina de vinculación

4. El sistema solicita el nombre de la persona

5. El actor ingresa el nombre de la persona

6. El sistema pide seleccionar la profesión de la persona

7. El actor selecciona la profesión de la persona

8. Si la profesión es "Congresista" se ejecuta el caso de uso Verificar Lista Clinton.

9. ...

11. Se ejecuta el caso de uso Registrar Datos de las Referencias Comerciales

13. ...

...

15. El caso de uso termina

Poscondiciones: N/A

Requisitos Especiales: N/A

☑ Un caso de uso incluido debería incluir, en su documentación, una sección que describa explícitamente los casos de uso base desde los cuales es incluido. Este simple ejercicio hace al documento tan auto-suficiente o auto-contenido como sea posible, es decir, los interesados en el artefacto no tendrán que navegar por ningún otro lado para conocer todo el detalle del caso de uso.

☑ En un caso de uso incluido, las precondiciones siempre se han cumplido en el caso de uso base que lo incluye. Entre tanto, las poscondiciones del caso de uso incluido afectan el comportamiento del resto del caso de uso base.

☑ Finalmente, un caso de uso incluido no debería tener relaciones de extensión con otros casos de uso. Simplemente no tiene sentido.

Pasemos precisamente a la trama de las extensiones.

Relación de Extensión

La Extensión es una relación de un <u>caso de uso de extensión</u> a un <u>caso de uso extendido</u> que especifica cómo y cuándo el comportamiento definido en el caso de uso de extensión puede ser insertado en el comportamiento definido en el caso de uso extendido [5].

Esta relación se usa:

☑ Para establecer que un fragmento de la funcionalidad del caso de uso es opcional, o potencialmente opcional. A diferencia de lo que ocurre con la inclusión que es una relación que implica obligatoriedad en la ejecución, por decirlo de cierta manera.

☑ Para señalar una parte del comportamiento que es ejecutado solo bajo ciertas circunstancias, a veces excepcionales, tales como el envío de un mensaje a un usuario cuando se produce un hecho determinado. Por ejemplo, cuando un cliente VIP solicita el aumento de un cupo de crédito y la cantidad solicitada sobrepasa la política de crédito que puede soportar el Analista de Crédito, entonces el proceso pasa a una instancia mayor, como un Gerente de Oficina o algo así. Decimos entonces que ha ocurrido una **interrupción** en el caso de uso. A este dilema nos enfrentamos continuamente y la primera intención de un Ingeniero de Requisitos inexperto es crear un único caso de uso con dos actores. Ahora ya sabemos que realmente son dos parejas actor–caso de uso.

☑ Para mostrar que puede haber un conjunto de segmentos de comportamiento de los cuales uno o varios de estos pueden ser insertados en un punto de extensión en un caso de uso base o extendido. Estas secciones insertadas (y el orden en el cual se insertan) dependerán de la interacción con los actores durante la ejecución del caso de uso base.

La extensión es condicional, lo que significa que su ejecución depende de lo que ha pasado mientras se ejecuta el caso de uso base. Este no controla las condiciones para la ejecución de la extensión – las condiciones son descritas dentro la relación de extensión. El caso de uso de extensión puede acceder y modificar los atributos del caso de uso base. Este, sin embargo, no puede ver las extensiones y no puede acceder a sus atributos.

Una diferencia fundamental con la inclusión es que, en la extensión el caso de uso base está completo por sí mismo, es decir, que debería entenderse y tener significado pleno sin ninguna referencia a sus extensiones. Sin embargo, el caso de uso base no es independiente de las extensiones, puesto que no puede ser ejecutado sin la posibilidad de seguir las extensiones [2]. También pasa que el caso de uso de extensión puede acceder y modificar los atributos del caso de uso base, pero este no puede ver las extensiones y no puede acceder a sus atributos. Y más, el caso de uso base se modifica implícitamente por las extensiones. En otras palabras, el caso de uso extendido (base) es ciego a sus extensiones específicas, pero no al contrario.

Un poco truculento, pero así es. La Figura 6 es una muestra típica de extensión de casos de uso.

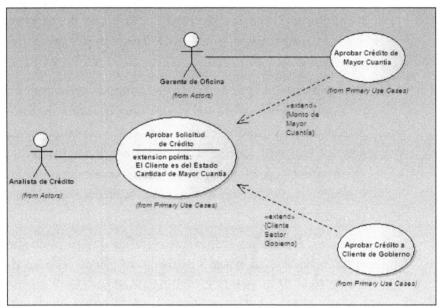

Figura 6: Diagrama parcial del caso de uso Aprobar Solicitud de Crédito

Otra gran diferencia entre la inclusión y la extensión es que el caso de uso de extensión puede ser ejecutado por un actor distinto al caso de uso base, como observamos en el diagrama. Vemos también la condición que activa la extensión en cada caso: en una de ellas se trata de un crédito de mayor cuantía, donde la mayor cuantía es un atributo que puede y debería ser configurable; mientras que en el segundo caso se trata de un cliente del sector gubernamental o bien podría ser algún otro tipo de cliente con tratamiento especial.

Y más de la cuestión semántica, las extensiones de un caso de uso son suplementarias, lo que quiere decir, que el caso de uso extendido está completo, es un todo. En el ejemplo de la

Figura 6, Aprobar Solicitud de Crédito es un caso de uso terminado por sí mismo y bien podría ser implementado en una iteración distinta (previa) y hasta en un proyecto diferente a la iteración o proyecto donde se implementan los otros casos de uso. Esta es otra de las razones por las que se usa la extensión.

Ahora bien, estos son algunos aspectos de los casos de uso extendidos y de extensión que debemos tener en cuenta a la hora de modelar sistemas de información:

☑ Un caso de uso extendido y sus casos de uso de extensión sí entregan un resultado de valor observable para el actor que los ejecuta, ya sea a través de ellos mismos o transfiriéndolo de la extensión al extendido y de allí al actor.

☑ Un caso de uso de extensión no es una especialización del caso de uso extendido, es decir, la extensión no es una relación de herencia o generalización. Hago énfasis en este aspecto porque tengo la ligera impresión de que, no solo los analistas noveles, sino también los diseñadores y los programadores estamos entrenamos para ver la extensión como una especialización, cuando en realidad no es así.

Quizás es por eso que la OMG tomó la decisión de cambiar la definición formal de la extensión para que sea una relación de dependencia. Aunque quiero aprovechar este punto para decir también que esta situación se desprende de la estructura formal de UML, la así llamada Especificación de Infraestructura de UML [6], algo que nos ha complicado la vida de muchas formas, sin embargo, esta definición formal muchas veces es irrelevante en la vida real, quiero decir, no es práctica en la mayoría de los modelos que construimos.

☑ Un caso de uso se puede usar para documentar nuevas versiones del caso de uso original. Este es un gran beneficio de la extensión, porque deja intacto el caso de uso original que posiblemente ya está implementado y hasta en producción y permite que el analista de requisitos se concentre con los usuarios en las nuevas características del caso de uso extendido.

Aquí nos enfrentamos a la disyuntiva de extender o no extender un caso de uso. Me refiero a que si el cambio es pequeño, posiblemente sea más útil y práctico especificar una secuencia alterna en el caso de uso base; si la modificación es substancial, a juicio del analista, este tomará la sabia decisión de crear un nuevo caso de uso.

Ahora bien, un caso de uso extendido luce más o menos así:

Caso de Uso: <u>Aprobar Solicitud de Crédito</u>

Actor: Analista de Crédito

Descripción: este caso de uso permite aprobar una solicitud de crédito realizada por un cliente…

Secuencia Básica:

1. El caso de uso inicia cuando el **Actor** decide aprobar una solicitud de crédito
2. El sistema solicita el radicado y la fecha de la solicitud
3. El actor ingresa el radicado y la fecha de la solicitud
4. El sistema valida que el radicado exista para la fecha establecida y muestra los datos de la solicitud
5. El sistema pide seleccionar el tipo de desembolso (Cheque, Consignación, Efectivo)
6. El actor selecciona el tipo de desembolso
7. El sistema solicita el número de aprobación de la solicitud
8. …

…

12. El caso de uso termina

Poscondiciones: N/A

Puntos de Extensión

5A. La cantidad solicitada es de Mayor Cuantía

7A. El cliente es del sector Gobierno

Requisitos Especiales: N/A

Lo único distinto son los puntos de extensión. Observen que la secuencia básica del caso de uso, ni ninguna otra secuencia, hace alusión a uno o más casos de uso de extensión. Es lo que había dicho: el caso de uso base no conoce los atributos ni las características del caso de uso de extensión.

Por su parte un caso de uso de extensión, se diferencia de un caso de uso normal en que debe tener especificado el evento que lo activa (llamado comúnmente *desencadenante*). Por ejemplo, en la Figura 7, Asignar Revisión de Arquitectura es considerada una actividad especial por el sistema de Administración de Proyectos:

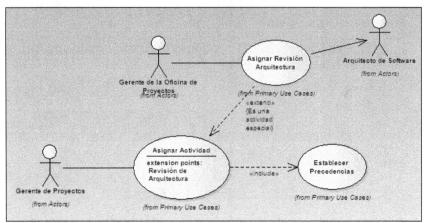

Figura 7: Diagrama parcial de casos de usos de un Sistema de Administración de Proyectos

Este caso de uso, que extiende a Asignar Actividad, podría lucir más o menos así:

Caso de Uso: Asignar Revisión de Arquitectura

Actor: Gerente de Oficina de Proyectos

Descripción: este caso de uso permite al PMO asignar la revisión de una arquitectura de software…

Evento de Activación: la actividad es una actividad especial: Revisión de Arquitectura

Secuencia Básica:

1. El caso de uso inicia cuando el **Actor** decide asignar una revisión de arquitectura

2. El sistema pide seleccionar el revisor técnico

3. El actor selecciona el revisor técnico

4. El sistema verifica que el revisor técnico tenga el perfil requerido para la actividad

5. El actor …

---

6. …

…

12. El caso de uso termina

Poscondiciones: N/A

Requisitos Especiales: N/A

La figura 7 también aclara sobre otro aspecto de las relaciones entre casos de uso: un caso de uso base puede estar asociado con uno o más casos de uso incluidos y con uno o más casos de uso extendidos.

Otro aspecto importante de las relaciones de extensión es que el diagrama es bastante explicativo. En la Figura 8, por ejemplo, está claro que un vuelo cualquiera puede ser reservado por un pasajero cualquiera, pero que si el pasajero está registrado como frecuente, la reserva tiene algunas características especiales (estas particularidades no se pueden observar en un diagrama de casos de uso como este).

El diagrama de la Figura 8 también muestra otro aspecto de las relaciones de extensión y es que un caso de uso de extensión puede ser a su vez extendido por uno o más casos de uso de extensión. Y este hecho profundiza más en el proceso del negocio que resuelve este modelo: si el vuelo es internacional, y el pasajero frecuente además está registrado como pasajero VIP, tiene la opción de establecer o seleccionar el menú que consumirá durante el vuelo.

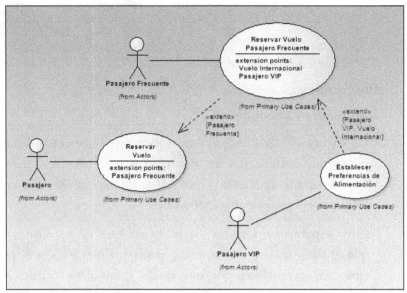

Figura 8: Diagrama parcial de casos de usos de un Sistema de Reservación de Vuelos

Del diagrama no se puede extraer información sobre las distintas clases de vuelo que proporciona la aerolínea. Sin embargo, este es precisamente el objeto del siguiente apartado: la clasificación de casos de uso, en el sentido de generalización, llamada también herencia de casos de uso.

Generalización Entre Casos de Uso

Una generalización es una relación taxonómica entre un clasificador más general y un clasificador más específico. Cada instancia del clasificador específico también es una instancia indirecta del clasificador general. Así, el clasificador específico hereda las características del clasificador más general [7].

Esta relación es ampliamente usada en el modelado orientado a objetos, sin embargo, no solo se da entre clases y objetos, sino entre cualquier elemento de UML que actúe como clasificador, como los casos de uso.

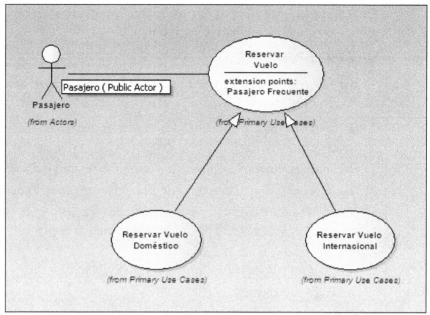

**Figura 9: Diagrama parcial de casos de usos de un
Sistema de Reservación de Vuelos**

La generalización de casos de uso se usa cuando dos o más casos de uso comparten comportamiento, estructura y propósito. Es decir, si dos casos de uso ejecutan un conjunto amplio de actividades similares y solo algunas diferentes, es posible tomar todas las tareas comunes y especificarlas en un nuevo caso de uso que generaliza a los dos anteriores y en estos dos solo se especifican las tareas disímiles. Esa es la primera premisa para usar la relación de generalización entre casos de uso, como en la Figura 9, donde es posible que Reservar Vuelo Doméstico y Reservar Vuelo Internacional solo difieran en que para este último caso el actor puede seleccionar la ruta y especificar algunas condiciones especiales de vuelo.

El caso de uso Reservar Vuelo Doméstico puede especificarse de la siguiente manera:

Caso de Uso: Reservar Vuelo Doméstico

Actor: Pasajero

Descripción: este caso de uso permite a un pasajero reservar un vuelo entre dos ciudades nacionales…

Secuencia Básica:

1. El caso de uso inicia cuando el **Actor** decide reservar un vuelo doméstico

2. El sistema pide seleccionar las ciudades origen y destino del vuelo

3. El actor selecciona las ciudades origen y destino del vuelo

4. El sistema solicita las fechas de ida y de regreso del vuelo

5. El sistema valida la existencia de vuelos con las condiciones establecidas y pide seleccionar la tarifa

6. El actor selecciona la tarifa

7. El sistema genera y muestra un código de reserva y el caso de uso termina

Poscondiciones: N/A

Entre tanto, el caso de uso Reservar Vuelo Internacional puede ir así:

Caso de Uso: Reservar Vuelo Internacional

Actor: Pasajero

Descripción: este caso de uso permite a un pasajero reservar un vuelo cuya ciudad destino es de otro país…

Secuencia Básica:

1. El caso de uso inicia cuando el **Actor** decide reservar un vuelo internacional

2. El sistema pide seleccionar las ciudades origen y destino del vuelo

3. El actor selecciona las ciudades origen y destino del vuelo

4. El sistema solicita las fechas de ida y de regreso del vuelo

5. **El sistema valida la existencia de vuelos con las condiciones establecidas, muestra las rutas disponibles (escalas intermedias) y pide seleccionar la ruta y tarifa de preferencia**

6. **El actor selecciona la ruta y la tarifa de su preferencia**
7. **El sistema pide seleccionar las condiciones especiales del vuelo**
8. El sistema genera y muestra un código de reserva y el caso de uso termina

Poscondiciones: N/A

Requisitos Especiales: N/A

La diferencia entre uno y otro se nota en los pasos 5, 6 y 7. En este caso, el caso de uso padre, Reservar Vuelo puede contener exactamente la misma funcionalidad que Reservar Vuelo Doméstico y dejar solo los pasos distintos en Reservar Vuelo Internacional. De esta manera se simplifica la especificación y el modelado del sistema.

También puede ocurrir que sea necesario agrupar dos o más casos de uso cuya funcionalidad, estructura y objetivo sean compartidos en un caso de uso puramente abstracto, también para efectos de simplificación del modelo. Como en la Figura 10.

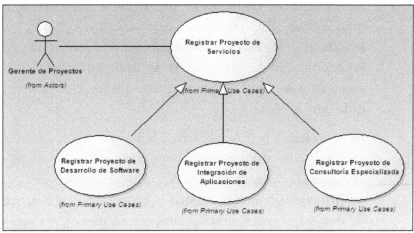

Figura 10: Diagrama parcial de casos de usos de un Sistema de Administración de Proyectos

Aquí, el caso de uso abstracto no contiene ninguna especificación funcional y se usa como "comodín", quizás para relacionar los casos de uso hijos con un caso de uso incluido o de extensión, o varios de estos. También para hacer el análisis y diseño de todos ellos al mismo tiempo (hacer una única realización de casos de uso, por ejemplo).

Aunque no está especificado, los casos de uso hijos pueden ser ejecutados por actores diferentes. También, si el caso de uso padre es abstracto, podría no tener actor relacionado. En esta última instancia, los hijos deberían tener asociado el actor que los ejecuta, necesariamente.

Mi recomendación final es que usemos la generalización de casos de uso como detalle en esta última alternativa. Para la primera forma, siempre podemos usar inclusión y hasta extensión.

Conclusiones

Un modelo es una abstracción de la realidad, una representación simplificada de algunos fenómenos del mundo real. En materia de sistemas de software, esos fenómenos se refieren a requisitos del software y la representación de los mismos se hace mediante actores, casos de uso y las relaciones entre aquellos y estos y entre cada uno de ellos.

La asociación, la generalización, la inclusión y la extensión son los cuatro tipos de relaciones entre estos elementos de los sistemas de información. Algunas de ellas se quedan en un plano estrictamente teórico o conceptual, en el sentido de que no tienen aplicación práctica, al menos, no una de valor para el modelador ni para el usuario final. Hablo de la generalización: cuando de casos de uso se trata, esta no posee el sentido de provecho que tiene, por ejemplo, en un diagrama de clases o uno de objetos.

La asociación, por su parte, es la relación natural entre actores y casos de uso, su significado es directo y simple: este actor ejecuta o inicia este caso de uso. También, este actor entrega o recibe información de (interactúa con) este caso de uso. Más allá, la inclusión y la extensión constituyen un par de relaciones que despiertan emociones encontradas en la comunidad de analistas, ya sea porque tendemos a confundir su uso o porque nuestros paradigmas mentales (específicamente los de la orientación a objetos) no nos permiten verlas y usarlas con claridad expedita.

Estos son los temas que he tratado de dilucidar en este capítulo. Son aspectos en los que todos debemos mejorar en aras de incrementar la calidad de los productos que construimos.

¿Quiere Saber Más?

Para conocer más sobre especificación de casos de uso, podemos consultar [8] que sigue siendo, sino el mejor, uno de los muy buenos libros sobre el espinoso asunto de escribir casos de uso.

Para conocer más de modelado de casos de uso, relaciones de inclusión, extensión y generalización, podemos consultar [9], [10] y [11] cuyos autores concentran sus esfuerzos en explicar los distintos patrones que podemos encontrar al momento de modelar requisitos de software con casos de uso.

Como siempre, está el que considero el mejor libro sobre UML, patrones, análisis y diseño orientado a objetos y el proceso de desarrollo de software, todo en uno. Se trata del libro de Larman [12].

También está el libro origen de todo, el de los *three amigos* [13].

Referencias

1. IBM. The Rational Unified Process V7.1.

2. IBM. The Rational Unified Process version V7.1.

3. Object Management Group, "OMG Unified Modeling Language (OMG UML), Superstructure, V2.4.1", http://www.omg.org/technology/documents/modeling _spec_catalog.htm#UML, 6 ago. 2011. Pp. 615.

4. Object Management Group, "OMG Unified Modeling Language (OMG UML), Superstructure, V2.4.1", http://www.omg.org/technology/documents/modeling _spec_catalog.htm#UML, 6 ago. 2011. Pp. 620.

5. Object Management Group, "OMG Unified Modeling Language (OMG UML), Superstructure, V2.4.1", http://www.omg.org/technology/documents/modeling _spec_catalog.htm#UML, 6 ago. 2011. Pp. 617.

6. Object Management Group, "OMG Unified Modeling Language (OMG UML), Infrastructure, V2.4.1", http://www.omg.org/technology/documents/modeling _spec_catalog.htm#UML, 5 ago. 2011.

7. Object Management Group, "OMG Unified Modeling Language (OMG UML), Superstructure, V2.4.1", http://www.omg.org/technology/documents/modeling _spec_catalog.htm#UML, 6 ago. 2011. Pp. 86.

8. Alistair Cockburn, "Writing Effective Use Cases", Addison-Wesley, 21 feb. 2000.

9. Mike O'Docherty, Object-Oriented Analysis & design, Understanding System Development With UML." John Wiley & Sons. 2005.

10. Steve Adolph, Paul Bramble, Alistair Cockburn, Andy Pols. Patterns for Effective Use Cases. Addison Wesley. August 23, 2002.

11. Kim Hamilton, Russell Miles. Learning UML 2.0. O'Reilly. April 2006.

12. Graig Larman. applying-uml-and-patterns-an-introduction-to-object-oriented-analysis-and-design-and-the-unified-process-2nd-edition. 13 jul. 2001.

13. Grady Booch, James Rumbaugh, Ivar Jacobson. The Unified Modeling Language User Guide. 2nd-edition. May 29, 2005.

13. Los Casos de Abuso o De Cómo Usar Correctamente los Casos de Uso Correctos y Sobrevivir en el Intento

"Si alguna vez cantan mi historia, que digan que caminé junto a gigantes. Los hombres se alzan y caen como el trigo en el invierno, pero estos nombres nunca morirán. Que digan que viví en los tiempos de Héctor, domador de caballos. Que digan que viví en los tiempos de Aquiles."
Wolfgang Petersen (Troya, 2004)

La especificación de requisitos de software (ERS) viene, o puede aparecer, en recipientes de distintos tamaños y diferentes formas y colores: algunos son cacharros escuetos pero con significado y suficiencia para quien los elabora y para los interesados en los mismos, otros son cristalerías sofisticadas que se aproximan a lo mundano, en el sentido de cosmopolita. Pero contienen requisitos de software, al fin y al cabo.

En términos de artefactos de especificación y modelado de sistemas de información, estoy hablando de folios de especificación funcional, con sus requisitos en prosa y todo el detalle aledaño que siempre los acompaña; pero también me refiero a la descripción de procesos del negocio, desde macro-procesos, hasta tareas simples y atómicas, pasando por procesos y subprocesos; representaciones de herramientas visuales como prototipos estáticos y simuladores.

También hago alusión a diagramas de UML, como diagramas de actividad y de estado, diagramas de procesos, diagramas de contexto y mapas mentales, entre algunos otros;

descripción de reglas y políticas del negocio; acuerdos de entendimiento entre los usuarios y el área de tecnología; listas de deseos escritas a mano; y, las más usadas, historias de usuario y casos de uso. Incluso, con las nuevas tecnologías, los requisitos de software bien pueden aparecerse en formato de videos o audios digitales, fotografías de alta definición capturadas por teléfonos inteligentes, mensajes electrónicos y trinos de 140 caracteres o menos.

Usualmente, la ERS se exhibe en una combinación de dos o más de estos instrumentos y lo único que importa es que provenga de las personas apropiadas e interesadas en el producto de software y que cada requisito cumpla o pueda cumplir con algunos atributos o rasgos de calidad:

- Claridad

- Atomicidad

- Precisión

- Verificabilidad

- Necesidad u oportunidad

- Priorización

La ERS, por su parte, debe ser:

- Independiente de diseño

- Completa

- Consistente

- Rastreable

- Modificable / Extensible

Una conclusión importante de toda esta perorata es que los casos de uso apenas son uno de los mecanismos para identificar, organizar, documentar y administrar requisitos o, en el orden de ideas que estoy formulando, un receptáculo de requisitos, un depósito, un bote, una funda, un artilugio. De hecho, los casos de uso constituyen la práctica industrial más ampliamente usada en materia de requisitos de sistemas de información.

Lo digo de esta manera porque he notado con cierto desencanto que en algún momento del tiempo, quizás durante el último lustro, extraviamos la noción y la práctica correcta de la Ingeniería de Requisitos y nos volvimos "caso-de-uso-dependientes" y, sin darnos cuenta, hemos creado una religión donde el acto de fe por los casos de uso ha tomado tintes de devoción.

Como cualquier adicción, esta que nos ocupa también va a ser difícil de desarraigar de nuestros modelos mentales. Pero vamos a intentarlo, en este capítulo trataré de darles pequeñas dosis de algún tipo de jarabe con los ingredientes necesarios para volver al camino correcto.

Introducción

La segunda ley de la Ingeniería del Software o el modelo Información-Materia-Energía (IME) establece que el mundo natural que forma el contexto de la inteligencia humana y la ciencia del software es una dualidad: un aspecto de ésta es el mundo físico y el otro es el mundo abstracto, donde la materia y la energía son usadas para modelar el primero, y la información, para modelar el segundo. Los modelos del mundo físico han sido bien estudiados por la Física y otras ciencias naturales. Sin embargo, el modelado del mundo abstracto todavía es un problema fundamental a ser explorado por la ingeniería del software.

Ahora bien, aunque el mundo físico es el mismo para todas las personas, el mundo natural es percibido de forma diferente por distintos individuos debido a que el mundo abstracto, como parte de éste, es subjetivo dependiendo de la información que los individuos obtienen y perciben. Y es debido a esta diversidad en la percepción del mundo abstracto que se presentan los errores en la ingeniería del software y por ello es que son más comunes de lo que a veces queremos. En el ciclo de vida de la ingeniería del software, esos errores empiezan durante la identificación, especificación y modelado de casos de uso.

Algunas de estas falencias, son las que presento en este capítulo. Se trata de un estudio de los malos usos de los casos de uso.

Este es realmente un estudio patológico y forense: es patológico porque hago un estudio de los desórdenes más comunes encontrados durante mis continuas revisiones de casos de uso a todo lo largo de su ciclo de vida: identificación, especificación, análisis, diseño, implementación y pruebas. Quise hacer este estudio en un sentido amplio, es decir, observé estas alteraciones como procesos o estados anómalos de raíces conocidas o ignoradas. También es patológico porque extraje las pruebas que señalan la presencia de tales afecciones del examen minucioso de cada error en todos sus niveles estructurales, desde el nombre del caso de uso, hasta las secuencias básica y las alternativas del mismo, pasando por la breve descripción, las precondiciones y las poscondiciones, el actor y los requisitos especiales, entre otros aspectos. Desde este punto de vista me convertí en un anatomopatólogo o, simplemente, en un patólogo clínico de los casos de uso, si es posible trasladar ese término médico a nuestro entorno.

Es forense porque estudié los aspectos técnicos derivados de la práctica diaria de los equipos de desarrollo de software, en los que he participado centenares de veces, como sujeto activo y como perito. Bajo este último título he tratado de contribuir con mi actuación a dar valor y significación genuinos a los aciertos hechos en materia de especificación y evolución de casos de uso y también a la promoción de ciertas prácticas que creo exitosas en la industria. En particular, he tenido la oportunidad de examinar y recoger indicadores de casos de uso propios y de extraños (colegas, clientes, socios de negocio); de los modelos y especificaciones de casos de uso he determinado los elementos donde se presentan los errores, las posibles causas de los mismos y he presentado posibles soluciones.

Caso de Abuso 1: El caso de uso se usa en todos los casos.

Es un juego de palabras pero es falso. Los casos de uso son un repositorio, un mecanismo de comunicación durante el ciclo de vida de desarrollo del software. Contienen y transmiten requisitos y otros aspectos relacionados con la funcionalidad del software en construcción.

Pero hay muchas maneras de documentar todo esto: documentos de requisitos funcionales y no funcionales donde, en prosa, se especifican los detalles del producto. En otros casos se pueden usar prototipos, como en los reportes ad-hoc o estándares, donde preparar un documento en el que se muestre como lucirá un reporte es más práctico que escribir en palabras los detalles del mismo. En otros casos, serán necesarios uno o más diagramas de UML (de estados o de actividad, por ejemplo), como cuando la descripción en prosa del proceso funcional es engorrosa debido a la complejidad del proceso y, además, un prototipo no es suficiente o no aplica.

Impacto en la calidad: Bajo.

Caso de Abuso 2: Lo que no está documentado en los casos de uso no hace parte del proyecto.

Una de las causas más comunes para no conseguir una correcta y completa especificación de requisitos y, sobre todo, un acuerdo con los usuarios-clientes, es la falta de involucramiento de las personas adecuadas durante las etapas de visión y alcance y de planeación del proyecto. Y me refiero tanto a interesados del lado del cliente, como también del equipo técnico mismo. Personas que tengan la capacidad de ver más allá de lo que parece, de leer entre líneas, de encontrar lo que no se ha dicho todavía pero que está latente. El objetivo es detectarlo cuanto antes.

Cuando ese tipo de personas no están atentas, incurrimos en prácticas fuera de contexto como la que abordo en este apartado.

Esta mala práctica es además una consecuencia del abuso anterior. En muchas ocasiones usamos sólo los requisitos que están consignados en casos de uso para realizar la estimación del proyecto, para considerar tiempos y recursos, para definir la arquitectura del software y para diseñar el sistema. Sólo cuando ya es muy tarde alguien recuerda que hay otras funcionalidades a diseñar e implementar y que posiblemente afecten no sólo la arquitectura del sistema, sino también los tiempos y los recursos necesarios para terminar el producto. Un caso típico ocurre cuando el producto tiene muchos procesos batch, de esos que se ejecutan por la noche o al cierre de un período específico y que hacen uso intensivo de datos sin ninguna interfaz gráfica. Otro caso se presenta con las consultas y reportes, muchas veces menoscabados, en el sentido de reducidos, por todos los involucrados en el proyecto.

Impacto en la calidad: Medio.

Caso de Abuso 3: El caso de uso es la única documentación necesaria para construir el software.

Quizás esta idea surge de la premisa de que el proceso de desarrollo de software es dirigido por casos de uso [1], que es algo mucho más amplio y totalmente distinto. Además, está el factor tiempo que siempre hace falta en los proyectos de desarrollo de software.

Un caso de uso es el primer repositorio de documentación en un proyecto, puesto que es el artefacto que legitima los requisitos funcionales del software. Sin embargo, después del caso de uso y antes del código fuente hay un abismo sobre el que debemos construir un puente para ir desde la solicitud del usuario, su problema y sus necesidades, hasta un sistema de software que soporte su proceso, que resuelva su problema y cubra sus necesidades.

Ahora bien, hay casos de casos: están los llamados casos de uso arquitectónicos o más complejos, que bien podrían representar alrededor del 20% del total de casos de uso de un proyecto. A estos casos de uso debemos aplicarles rigurosamente el proceso: Análisis, Diseño, Implementación, Pruebas, Despliegue y vuelta a empezar. Y durante el Análisis y el Diseño se construyen una serie de artefactos que van desde documentos anexos hasta diagramas (de UML) de casos de uso, de secuencia, de comunicación, de clases, de estados, de actividad y de entidad-relación, entre otros. También están los requisitos no funcionales o especiales que aplican a cada uno de esos casos de uso, el pseudocódigo y los prototipos; asimismo, están los casos y procedimientos de prueba.

Es principalmente durante el período de Análisis y Diseño del caso de uso cuando ocurre la suplementación del mismo, es decir, la adición de detalles técnicos y no funcionales al caso de uso. Y en todas estas actividades intervienen todos los miembros del equipo del proyecto: unos elaboran y presentan, otros retroalimentan, complementan, realizan el siguiente paso y también lo presentan, y así, en una espiral en la que el producto se va gestando hasta quedar terminado.

Luego están los demás casos de uso del proyecto, el otro 80%. Unos son más complejos que otros desde el punto de vista de diseño, mientras que algunos son más críticos que otros desde la perspectiva del usuario. Muchos de estos casos de uso, sino todos, también deben someterse al mismo proceso que los anteriores. Lo que varía es la severidad o formalidad con que se elaboren todos esos artefactos.

Dependiendo del tipo de proyecto, de los aspectos legales del mismo y de otras variables del entorno, será necesario realizar cada documento siguiendo plantillas formales del proceso de desarrollo, casi con rigurosidad científica: diagramas de UML bien construidos y detallados, tantos como sean necesarios para entender el producto, documentos sujetos al escrutinio de revisiones técnicas y de estilo, con listas de chequeo formales y con todas las excepciones consideradas. Algunos casos de uso requerirán de tres, cinco o más diagramas de interacción, por ejemplo; otros necesitarán sólo uno de estos diagramas.

En otros proyectos, menos formales desde el punto de vista legal (aunque es difícil imaginar tal cosa), será suficiente con que estos artefactos se elaboren en reuniones de análisis y diseño en un tablero donde todo el equipo de desarrollo pueda verlos, opinar, tomar nota y entenderlos, que es el objetivo último del modelado.

La categoría de las herramientas a usar también depende de la complejidad técnica y de la formalidad legal: para unos proyectos basta lápiz y papel, o tiza y tablero, mientras que para otros serán necesarias herramientas sofisticadas de Ingeniería de Software.

En cualquier caso, nunca hay que perder de vista que el software, por naturaleza, es complejo; y que construir software, por naturaleza, es una actividad compleja. También, que las herramientas con las que se construye software (que casualmente están hechas de software) también son complejas. Y con este nivel de complejidad, no es posible que algo simple, como el caso de uso, sea capaz de resolver nuestro problema sin más colaboración.

Impacto en la calidad: Alto.

Caso de Abuso 4: Lo que no está documentado en los casos de uso no hace parte del proyecto.

Esta es una consecuencia del abuso anterior (2). En muchas ocasiones usamos sólo los requisitos que están consignados en casos de uso para realizar la estimación del proyecto, para considerar tiempos y recursos, para definir la arquitectura del software y para diseñar el sistema. Solo cuando ya es muy tarde alguien recuerda que hay otras funcionalidades a diseñar e implementar y que posiblemente afecten no solo la arquitectura del sistema, sino también los tiempos y los recursos necesarios para terminar el producto. Un caso típico ocurre cuando el producto tiene muchos procesos por lote, de esos que se ejecutan por la noche o al cierre de un período específico y que hacen uso intensivo de datos sin ninguna interfaz gráfica. Otro caso se presenta con las consultas y reportes, muchas veces menoscabados, en el sentido de reducidos, por todos los involucrados en el proyecto.

Muchas veces en estos casos no se usan casos de uso pero sí vienen bien especificaciones suplementarias en formato de prototipos, diagramas de procesos y procedimientos, simuladores, tablas de hojas tipo Excel con ejemplos de consultas e informes, aspectos no funcionales del producto y otros tipos de especificación.

La consigna sigue siendo: los casos de uso no son el único repositorio o mecanismo para especificar requisitos de software. Lo importante es considerar las fuentes apropiadas y que estas sean revisadas y acordadas con las personas interesadas en el proyecto y en el producto.

Impacto en la calidad: Medio.

Caso de Abuso 5: El caso de uso se identifica, elabora, diseña, implementa y prueba en la misma iteración.

El modelo iterativo de desarrollo de software dicta que podemos construir el sistema mediante incrementos en períodos de tiempo relativamente cortos y con un objetivo fijo. A estas fases de tiempo se les conoce como Iteraciones y al producto (resultado) de la fase se le conoce como Incremento. Por ejemplo, un marco de trabajo como *Scrum* define iteraciones llamadas *Sprint* de cuatro semanas o menos.

En otras palabras, una iteración es un mini-proyecto con una salida bien definida: una versión incrementada, estable, probada e integrada del producto de software, con su documentación asociada. Pues bien, una de las faltas típicas que cometemos durante el ciclo de vida del software tiene que ver con esto. De hecho, es un error muy común cuando los equipos se inician en un proceso iterativo.

Un caso de uso pasa por varias etapas o períodos durante su ciclo de vida: desde la identificación o descubrimiento del caso de uso, hasta la puesta en ejecución del mismo, pasando por la Ingeniería del Caso de Uso (conocida entre nosotros como la Ingeniería de Requisitos), el Análisis y Diseño, la Implementación, las Pruebas y el Despliegue final.

Y cada una de estas etapas ocurre a través distintas fases del proyecto y de diferentes iteraciones. Durante la fase de inicio o visión del proyecto, descubrimos un número significativo de casos de uso y algunos de ellos pasan a la etapa de Ingeniería de Requisitos; muy pocos de estos casos de uso llegan a la etapa de Análisis y Diseño y ninguno llega a la Implementación.

Más adelante, durante la fase de Planeación o Elaboración del proyecto, los llamados casos de uso arquitectónicos, de los identificados en la fase previa, llegan a las etapas de implementación y pruebas, mientras que otros casos de uso son descubiertos y otros llegan al período de Ingeniería de requisitos.

Durante las siguientes fases del proyecto, algunos pocos casos de uso son identificados, los últimos, y los demás pasan, iteración tras iteración, por las etapas expuestas; pero nunca, un caso de uso se identifica y llega a implementarse en la misma iteración, por muy simple que sea. Eso sería apenas una simple coincidencia y, casi siempre, un error.

Muy relacionado con este abuso está el abuso No. 12, aunque hay diferencias fundamentales entre aquel y este.

Impacto en la calidad: Medio.

Caso de Abuso 6: El caso de uso contiene detalles de formularios (pantallas) y otros aspectos

técnicos (bases de datos, componentes, etc.)

Este error es reiterativo y cuando digo eso me refiero a que siempre hago énfasis en que no es así, pero algunos Analistas Funcionales insisten en hacer exactamente lo contrario. También ocurre que el resto del equipo, incluyendo arquitectos del software, desarrolladores, verificadores, entre otros, exige estas características en los casos de uso y, muchas veces, caemos en esta mala práctica por la presión.

Un caso de uso especifica lo que debe hacer un sistema de software. No es correcto incluir detalles de la interfaz gráfica resultante, como botones, cuadros de texto, listas de opciones, entre otros, lo mismo que otros mecanismos relativos a los elementos de software con los que se implementará el caso de uso, como referencias a componentes de software, a librerías de acceso a datos, o a tablas u otros objetos de bases de datos. Todo esto hace parte del "como" se implantará el caso de uso en el sistema una vez que esté terminado, son detalles poco entendibles para el usuario final, interesado principal en la especificación del caso de uso y de los requisitos en general.

Recordemos además que un caso de uso detalla la interacción entre el actor y el software, desde el punto de vista del usuario; es decir, al usuario solo le interesa conocer sobre los insumos que tiene que proporcionarle al sistema a través de ese caso de uso y también de los resultados que el sistema le sirve de vuelta, no cómo ese resultado es calculado, encontrado, o procesado al interior del sistema.

Ahora bien, suele ocurrir que algunos usuarios, a fuerza de lidiar durante tantos años con los sistemas, conocen de nombres de tablas y hasta de procedimientos almacenados y son capaces de establecer explícitamente de qué tabla quieren que se tome un dato o cual procedimiento requieren ejecutar en cierto momento. Estos detalles se documentan, pero se formalizan durante la etapa de Análisis y Diseño del caso de uso, cuando este se suplementa.

Los requisitos del software, y con ellos los casos de uso cuando se utilicen como mecanismo de especificación, son independientes de diseño y de implementación. Por supuesto, después de los casos de uso y antes del código fuente y de las pruebas, existe algo que se llama diseño del software, que es donde se suplementan los casos de uso con información de diseño e implementación.

Impacto en la calidad: Medio.

Caso de Abuso 7: Un escenario y un caso de uso es lo mismo

Simplemente no. Muchas veces los términos se usan indistintamente, incluso entre los expertos, quienes muchas veces se refieren a "caso de uso" cuando realmente quieren decir "escenario". Pero ese es otro problema.

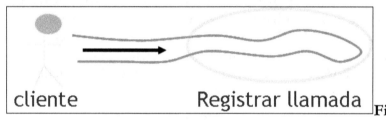

cliente Registrar llamada Fi

gura 1: Representación Visual de un escenario de un caso de uso

Un escenario es el flujo que sigue un caso de uso durante su ejecución de acuerdo a un estímulo recibido desde el exterior, vía el Actor del caso de uso, es decir, el usuario. Las cosas así, un caso de uso puede derivar en muchos escenarios, docenas, cientos o miles, dependiendo de la complejidad y el tamaño del caso de uso. Esta es la razón principal por la cual no existe el concepto de Pruebas Exhaustivas, porque es inviable probar con anticipación todos y cada uno de los escenarios de un caso de uso.

Un escenario es una instancia de un caso de uso, casi de la misma forma como un objeto es una instancia de una clase. Me refiero a que una instancia de un caso de uso es un camino concreto a través del cual la pareja "actor-caso de uso" es reemplazada por una persona específica (una instancia de un actor), donde valores y respuestas específicos son dados, y solamente un camino simple es tomado a través de uno o más posibles flujos del caso de uso. Los escenarios están descritos de una manera narrativa, incorporan características concretas de los usuarios y de la materia prima que estos entregan al sistema.

Un caso de uso, por su parte, está constituido por secuencias paso a paso de acciones que conforman el comportamiento de un sistema, asociados a un actor específico. Un caso de uso es muy detallado y típicamente incluye actores, una breve descripción, precondiciones, la secuencia principal y las alternativas, y hasta flujos de excepción; también describe el estado del sistema una vez que ha terminado cada secuencia, es decir, las poscondiciones.

A propósito de este mal uso, otra situación que nos está pasando es que nuestros diseños de software carecen de los escenarios de usuario como entrada principal, lo que constituye una falta importante puesto que los escenarios incluyen todos los detalles que los diseñadores requieren entender sobre las funciones y responsabilidades de los usuarios y lo que estos necesitan. Además, muchos programadores que nunca han escuchado acerca de un escenario de uso son capaces de adaptar los casos de uso para incluir esta información de usuario, rica y contextual.

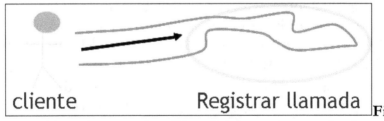

cliente   Registrar llamada

gura 2: Representación Visual de otro escenario de un caso de uso

Obsérvese de las dos figuras que las posibilidades son virtualmente infinitas.

También ocurre que confundimos los escenarios con las distintas secuencias del caso de uso, la principal y las alternativas. Esto también es un error común. Como sabemos, un caso de uso tiene un número pequeño (finito por demás) de secuencias, mientras que el número de escenarios que resultan de estas pocas secuencias puede crecer de manera ilimitada.

Bien podemos decir que las secuencias del caso de uso son los contextos en los que se desenvuelve un caso de uso. Mientras tanto, durante la ejecución de un escenario es posible pasar por una, varias o todas las secuencias del caso de uso.

Impacto en la calidad: Alto.

Caso de Abuso 8: La realización o diseño de un caso de uso siempre se hace

Presentación

Ya lo he pregonado antes: después de la especificación de requisitos, así esta sea con casos de uso, y antes del código fuente, hay un puente que debemos cruzar. Este puente se llama análisis y diseño del caso de uso. Es en esta etapa donde suplementamos el caso de uso con aspectos técnicos que antes no se habían considerado porque hacen parte del dominio del software, es decir, del dominio de la solución. Es durante este análisis y diseño que tomamos las decisiones de distribución y ejecución del comportamiento del caso de uso en particular y de los requisitos en general.

Esto es así porque la descripción de un caso de uso no siempre es suficiente para encontrar clases de análisis y sus objetos. El cliente (usuario) generalmente no encuentra interesante la información sobre qué ocurre dentro del sistema, por lo que las descripciones de caso de uso pueden dejar fuera esa información. En estos casos, la descripción del caso de uso se lee como una descripción de 'caja negra', en la que los detalles internos sobre qué hace el sistema como respuesta a las acciones de un actor o bien no se incluyen o bien se describen resumidos brevemente. Para encontrar los objetos que ejecutan el caso de uso, necesita la descripción de 'caja blanca' de qué hace el sistema desde una perspectiva interna.

Ahora bien, ¿es necesario hacer esto para cada caso de uso? Quizás sí, quizás no. Veamos.

El Caso de Abuso

Esta es el más debatible de todos los abusos. Está en una zona gris. En aras de la calidad del producto, objetivo último de todo proyecto, siempre deberíamos hacer la realización del caso de uso, sin tener en cuenta el grado de mayor o menor complejidad del mismo. Sin embargo, siempre encontramos factores limitantes de tiempo, de recursos y de costos que lo impiden.

Ya en el primer abuso decía que mínimo debemos hacer la realización de los casos de uso arquitectónicos. Seguramente, si hacemos bien nuestro trabajo de diseñadores de software, de esta actividad surgirán la mayoría de las entidades del sistema, los objetos controladores, las fachadas y las interfaces, entre otros tipos de objetos. El número de casos de uso arquitectónicos varía de un proyecto a otro, pero debería girar en torno a un 20% del total de casos de uso del producto. Es una cifra un tanto arbitraria pero parece funcionar en la mayoría de los casos, al grado de haberse convertido en una práctica generalizada.

¿Y el otro 80%? Yo siempre uso el precepto de "modelar para entender lo que vamos a construir." Si alguien en el equipo de desarrollo no entiende un caso de uso, lo que hace o como lo implementa, entonces debemos apoyarnos en el modelado para subsanar esta situación. Y la realización del caso de uso es un buen comienzo para ello. ¿De cuántos diagramas preciso? Los que sean necesarios para entender. Ni más ni menos.

Impacto en la calidad: Bajo.

Caso de Abuso 9: Precondiciones vs. Validaciones y Poscondiciones vs. Resultados

A este caso de abuso originalmente lo titulé:

> *"Las precondiciones son validaciones que hace el caso de uso al comienzo del mismo o en algún paso siguiente. Las poscondiciones y el resultado del caso de uso son una misma cosa"*

Veamos de qué se trata:

Este es quizás el mayor de los abusos. Las precondiciones no ocurren dentro del caso de uso, es justamente lo contrario. Las precondiciones representan el estado en el que debe estar el sistema para que se ejecute el caso de uso a la que pertenecen. Son acciones que ocurren antes, en algún momento del tiempo, de la ejecución (o de la necesidad de ejecución) del caso de uso. Y cuando digo "en algún momento del tiempo" no me refiero a que tiene que ser inmediatamente antes del caso de uso, puede ser en cualquier instante, mientras sea antes de la ejecución del caso de uso. Para usar términos bastante reconocidos por nosotros, si un caso de uso tiene precondiciones, se encuentra deshabilitado hasta tanto todas las precondiciones no se hayan ejecutado y hayan producido los resultados necesarios para que el caso de uso se habilite y pueda ejecutarse.

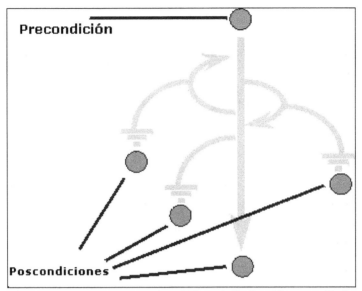

Figura 2: Representación Visual de las Precondiciones y las poscondiciones de un caso de uso. Fuente: Adaptado de IBM Rational Unified Process

El error más común ocurre cuando confundimos una precondición con la validación a un elemento específico del negocio, por ejemplo, que el Cliente debe tener una cuenta corriente para solicitar aumento de cupo de sobregiro. Esta, a todas luces, es una verificación que debe ocurrir en el caso de uso "solicitar aumento de cupo de sobregiro" después de que el cliente se haya identificado, antes no es posible.

Un análisis similar puede hacerse para las poscondiciones, confundidas casi siempre con los resultados del caso de uso. Por ejemplo, es frecuente leer en la especificación de un caso de uso: "el sistema almacena los datos de la solicitud.", "el sistema muestra el mensaje 'no se pudo realizar la operación'.", "el sistema cancela la ejecución del proceso." Todas estos detalles corresponden a eventos que ocurren (deben ocurrir) dentro del caso de uso, no después de su ejecución, que es el terreno donde se mueven las poscondiciones.

Una poscondición típica puede ser: "el cliente puede consultar el estado de sus facturas." Otra puede ser: "la cuenta del usuario queda deshabilitada." Una más: "el cliente

VIP puede modificar el estado de su reserva." Todas estas son acciones que los usuarios pueden hacer después de que un determinado caso de uso se haya ejecutado, satisfactoriamente o no. El momento en el que se haga tampoco tiene que ser inmediatamente después, casi siempre depende de las necesidades de los usuarios particulares de cada funcionalidad.

Una situación adicional que ocurre en muchas oportunidades es que nos quedamos buscando precondiciones y poscondiciones del caso de uso durante un tiempo considerablemente extenso. Siempre recomiendo a los neófitos que si no las encuentran en las primeras de cambio pueden estar sucediendo dos cosas importantes:

- No tenemos información suficiente del caso de uso (o no lo hemos entendido bien)

O

- No tenemos la experiencia práctica o el conocimiento teórico suficiente para lidiar con estos dos aspectos de los casos de uso.

En el primer caso, debemos siempre buscar la información que nos hace falta con las personas involucradas, los usuarios; en el segundo caso es un poco más difícil, pero mientras este tema se nos vuelve una costumbre, recomiendo no quedarnos mucho tiempo paralizados por ello y seguir adelante. Las precondiciones y las poscondiciones son aspecto importantes para el diseño y la implementación del caso de uso, pero si no las encontramos, existen otras formas de llegar a la misma solución, quizás tome un poco más de tiempo a los diseñadores, pero este será mucho menos que si los analistas se quedan horas o días buscando algo que no conocen.

Otra cosa más, tanto las precondiciones como las poscondiciones son opcionales: no siempre son un elemento adherido al caso de uso. Es posible que haya casos de uso que no tengan unas o las otras, o ambas.

Impacto en la calidad: Alto.

Caso de Abuso 10: Todos los requisitos funcionales se documentan en casos de uso

El que un proceso sea dirigido por casos de uso no quiere decir que toda la funcionalidad del software debe estar documentada en casos de uso. Hay requisitos que son transversales al producto, es decir, aplican en varias partes del sistema; también hay requisitos funcionales que se expresan mejor en prosa, siempre en términos del usuario, pero en narrativa; hay otras funcionalidades cuya complejidad amerita el uso de diagramas de actividad o de otro tipo de elementos gráficos o visuales para entenderse. En este último caso, siempre recomiendo el uso formal de UML como mecanismo de comunicación para no dar pie a malos entendidos o a concentración de ambigüedades.

En este orden de ideas, ya tendremos tiempo de volver al tema de casos de uso 2.0, una estrategia que reúne las mejores prácticas tradicionales y ágiles para la documentación de requisitos de software, expuesta recientemente por el Dr. Ivar Jacobson y su equipo.

En cualquier caso, este ha sido el principal objetivo de esta serie así llamada "Casos de Abuso".

Impacto en la calidad: Bajo.

Caso de Abuso 11: Los flujos de eventos en los casos de uso son escritos en pseudocódigo

Este es el que yo llamo "síndrome del programador que se volvió analista", algo así como el hombre-lobo del proceso de desarrollo de software. Creo que todos los que hemos recorrido este largo pero tortuoso laberinto que significa el ciclo de vida del desarrollo de software hemos experimentado, al menos, una o más de esas manifestaciones *"fenomenoides"* del universo informático. Además, este abuso

---

es primo del abuso 5, donde usamos detalles técnicos en la documentación del caso de uso.

El antídoto es sencillo: un caso de uso siempre, sin ninguna excepción, se escribe en terminología del negocio, con las palabras que usa el usuario en sus actividades diarias. Si esto no es posible, quizás no estamos ante un caso de uso.

Nada de incluir expresiones como: "si ocurre esto entonces hacer aquello", en cambio usar distintas secuencias o flujos alternos; o "mientras se cumpla una condición, realizar estas acciones", en vez de ello, describir el conjunto de acciones para un elemento-sujeto de la condición y en los requisitos especiales del caso de uso dejar de manifiesto que puede haber uno o más elementos para esa condición. Y mucho menos usar nombres de "variables", ciclos for o while o selección múltiple. Lo único que lograremos con ello es confundir a los usuarios.

Veamos con un caso de uso algo escueto un ejemplo típico:

Caso de uso: Retirar fondos

Actor: Cliente

Secuencia Básica:

1.   El caso de uso inicia cuando el cliente decide retirar dinero en efectivo de un cajero automático

2.   El sistema solicita la cantidad de dinero a retirar

3.   El Cliente ingresa la cantidad de dinero a retirar

4.   El sistema verifica el saldo del Cliente

5.   Si el Saldo del Cliente es mayor que o igual a la cantidad a retirar, el cajero entrega el dinero. De lo contrario, muestra el mensaje "Fondos insuficientes"

6.   El caso de uso termina

Los pasos 4 y 5 de este caso de uso son una muestra de lo que no se debe hacer al documentar requisitos. En cambio, podríamos decir:

4.   El sistema verifica que el Cliente tiene saldo suficiente en su cuenta y entrega el dinero.

5.   El caso de uso termina

Para el caso de falta de fondos, escribimos una secuencia alternativa. Esta estrategia además posibilita una implementación más rápida y "limpia" del caso de uso y permite al equipo de pruebas tener mayor visibilidad de los escenarios para verificar el software.

De hecho, este enfoque concuerda muy especialmente con el expuesto por Jacobson en su Casos de Uso 2.0 al que volveremos próximamente.

Impacto en la calidad: Alto.

Caso de Abuso 12: Cada caso de uso se diseña e implementa de manera independiente

El diseñador y el desarrollador solo ven el caso de uso en desarrollo sin importarles el sistema como un todo. Cuando esto se hace así, y no por paquetes relacionados, corremos el riesgo de no armar el "rompecabezas" con facilidad al final de la operación.

Y lo que es peor, muchas veces durante el diseño e implementación del caso de uso no tenemos en cuenta los lineamientos arquitectónicos impuestos a la solución. El producto termina siendo una colcha de retazos mal cosidos. Esta situación convierte los hitos de integración del producto, iteración tras iteración, fase tras fase, en un serio dolor de cabeza para el arquitecto, los diseñadores y los mismos programadores. Entonces surgen los reprocesos, el desperdicio de código, rediseños, y el resultado final: un producto de mala calidad.

El tratamiento: la arquitectura del software. Una que sirva como una gran lista de chequeo para los diseñadores y para los implementadores del producto. La arquitectura de software es la organización fundamental de un sistema, formado por sus componentes, las relaciones entre ellos mismos y con el entorno, y los principios que gobiernan su diseño y evolución (IEEE 1471-2000). Según Booch, Kruchten y otros, la Arquitectura de Software incluye decisiones acerca de la organización de un sistema de software como:

- La selección de los elementos estructurales que componen el sistema y sus interfaces
- El comportamiento del sistema, especificado en las colaboraciones entre esos elementos
- La composición de estos elementos estructurales y comportacionales en subsistemas más grandes
- El estilo arquitectónico que guía esta organización

Toda arquitectura de software comienza por una arquitectura funcional o vista de casos de uso, un subconjunto del modelo de casos de uso del sistema, compuesto a su vez por los así llamados casos de uso o requisitos arquitectónicos. Después están la vista lógica, que le habla a los analistas y diseñadores sobre la estructura del software. La vista de implementación, que les cuenta a los programadores detalles sobre el manejo del software. Por su parte, la vista de procesos habla de desempeño, escalabilidad y puesta en marcha a los integradores del sistema. Y también está la vista de despliegue que nos explica de manera lacónica la topología del sistema, aspectos de la entrega del mismo, de instalación y de comunicación subyacentes.

El diseño y la implementación de todo el producto de software debe obedecer a estas restricciones, casi leyes, impuestas por la arquitectura así descrita. Es lo que hace posible que los casos de uso se diseñen en grupos heterogéneos de paquetes o subsistemas diferentes.

Impacto en la calidad: Alto.

Caso de Abuso 13: Todos los casos de uso se identifican y especifican durante la fase de inicio del proyecto.

Ni lo uno ni lo otro. Entiendo que este abuso se presente por las condiciones contractuales de los proyectos pero igual es una mala práctica. Es muy simple, una vez que dimos el salto hacia el desarrollo iterativo e incremental y dejamos atrás la temible cascada, especificar todos los casos de uso de un sistema durante la primerísima fase de un proyecto nos devuelve inexorablemente a esa práctica que tantos dolores de cabeza nos causó en el pasado.

Tampoco podemos detallar los casos de uso al inicio del proyecto y después analizar, diseñar, implementar y probar por iteraciones e incrementos. Además porque la etapa de Concepción se alargaría indefinidamente hasta tanto no se haya identificado y pormenorizado hasta el último de los casos de uso del sistema, asunto que simplemente es contraproducente. Como siempre, por extensión de Pareto sabemos que rápidamente podemos avanzar hasta un 80% en la enumeración de los casos de uso; de allí a especificarlos hay una travesía borrascosa que no se puede intentar en ese mismo comienzo de proyecto. Es necesario el concurso, no solo de los Ingenieros de Requisitos, sino también del Arquitecto del Software, de los diseñadores y de los programadores, para empezar, y todo este equipo muchas veces no está conformado hasta bien entrada la Elaboración o Planeación del proyecto.

Incluso los *Three Amigos* [5] hablan de una cifra menor, 60%, como lo establece la Tabla 1. Esta tabla indica además que durante la Concepción se describen brevemente hasta el 50% de los casos de uso, se especifica el 10% de los mismos y muy pocos de ellos son analizados, menos son diseñados e implementados. En este último grupo solo se encontrarían los casos de uso que, a criterio del Arquitecto y otros miembros del equipo se requieran para realizar una o más pruebas de concepto, útiles para demostrar la viabilidad técnica de construir el producto.

Tabla 1: La Evolución del Modelo de Casos de Uso

Estado del Caso de Uso	Concepción o Visión	Elaboración o Planeación	Construcción o Desarrollo	Transición o Despliegue
Modelo del Negocio Completado	50% - 70%	Casi 100%	100%	100%
Identificado	60%	> 80%	100%	100%
Perfilado	50%	20% - 60%	0%	0%
Especificado	10%	40% - 80%	100%	100%
Analizado	< 10%	20% - 40%	100%	100%
Diseñado, Implementado y Verificado	< 5%	< 10%	100%	100%

Fuente: Adaptado de "El Proceso Unificado de Software". Jacobson y otros. Pág. 358. 1999.

Ahora bien, el verdadero reto no es identificar y especificar un determinado número de casos de uso. El desafío es llegar a los casos de uso arquitectónicos, aquellos que definen el núcleo del producto desde el punto de vista técnico. Por lo general, estos casos de uso no son los que el usuario quiere ver implantados en primera instancia. Es un trabajo que requiere el apoyo del Arquitecto del software y que se logra teniendo en cuenta a todo un grupo de personas involucradas en el proyecto, diferentes a los usuarios, quienes nos hablan de características funcionales y no funcionales del producto, incluyendo aspectos de usabilidad, confiabilidad, soportabilidad, desempeño y hasta de estilos de documentación, entre otros. Es una actividad que deriva en la arquitectura preliminar o candidata del producto de software.

Impacto en la calidad: Medio.

Caso de Abuso 14: El caso de uso solo se presenta cuando está completamente terminado y aprobado.

Un caso de uso debe exponerse desde las primeras de cambio. Debe confrontarse con los usuarios, con los demás analistas, con el Arquitecto del software y con el resto del equipo del proyecto, incluyendo el equipo de pruebas. Y todos ellos deben o deberían proporcionar cierta retroalimentación a distintos niveles. Ahora bien, excepto quizás con los usuarios, los casos de uso deben presentarse en conjunto a todo el grupo de desarrollo, es decir, exponer una colección específica de casos de uso con el ánimo de abordar aspectos de análisis y diseño, de arquitectura, de integración, de estimación y de pruebas, entre otros.

Sigue siendo bastante habitual el error de desplegar ese grupo de casos de uso cuando están terminados desde el punto de vista del Ingeniero de Requisitos y de los usuarios. Ese es un momento en el que ya se ha empleado una gran cantidad de tiempo y de esfuerzo y tiene un efecto paradigmático tradicional: la poca o ninguna retroalimentación que se presenta en estos casos. Todos los integrantes del proyecto asumimos que la especificación de los casos de uso está finiquitada y que no hay nada más que decir al respecto, o que ya es muy costoso intentar cualquier modificación. Abuso severo.

Impacto en la calidad: Alto.

Caso de Abuso 15: El caso de uso tiene más de un actor "activo"

Este es el otro abuso más reiterativo, solo que el impacto es algo menor. Por excelencia, un caso de uso tiene un único actor [6] y cuando tiene más de uno, el segundo o el tercero son actores pasivos, en el sentido de que reciben o envían cierta información al caso de uso en algún punto del mismo o que simplemente se ven afectados por el resultado del caso de uso (como ocurre con un comprador en la caja registradora de un súper mercado, por ejemplo, que recibe una factura junto con los productos comprados, pero que en ningún momento interactúa con el sistema).

Pero cuando sucede que dos actores tan diferentes como un Analista de Crédito y un Gerente Regional, por ejemplo, ejecutan el mismo caso de uso, seguramente nos estamos enfrentando a una mala definición: quizás son dos o más casos de uso distintos, quizás es un caso de uso del negocio que puede redundar en varios casos de uso del sistema o hasta puede ocurrir que no sea un caso de uso del todo. También pasa habitualmente que confundimos un Actor con un Cargo específico en la compañía receptora del software. En este caso, debemos entonces crear un nuevo actor, clasificado como Actor Abstracto, que únicamente representa un rol en el sistema y fuera del contexto del sistema no existe.

Impacto en la calidad: Medio.

Caso de Abuso 16: El Ingeniero de Requisitos es un psíquico

Bueno, esta me la sé también con Analistas, con Diseñadores, con Programadores y hasta con Gerentes de Proyectos. También con usuarios. Cada uno de nosotros piensa que todos los demás en el proyecto están igualmente motivados, que tienen las mismas habilidades, que conocen todo el entorno necesario para entender el sistema. Y No es así. También creemos que los demás piensan como nosotros mismos, que ven el universo como lo vemos nosotros. Y Tampoco es así.

Como receptores de información siempre tenemos un mecanismo infalible: "el qué más." Como en ¿Qué más debo saber de este proceso? ¿Qué más me puede decir de este modelo? ¿Qué otra cosa esconde este escenario? ¿Quién más necesita esta funcionalidad? ¿En qué otro momento se requiere esta información? Como emisores también debemos estar prestos a brindar toda la información que requiera nuestro interlocutor. ¿Qué más necesita saber? ¿Tiene alguna otra pregunta? ¿Son necesarios más ejemplos? ¿Quiere hablar con alguien más?

Y no me refiero solamente a la comunicación usuario-analista, sino también a la que ocurre al interior del equipo de desarrollo: cuando presentamos los casos de uso, cuando exponemos la arquitectura, cuando mostramos la realización de casos de uso o el modelo de datos y, sobre todo, cuando documentamos el software. Todo esto debemos hacerlo con la premisa de "documentar para el resto", para el resto de la organización, para el resto del equipo del proyecto, para los usuarios, para los socios de negocios, para los proveedores, incluso para personas ajenas al producto, al proyecto y a la misma compañía, como consultores, expertos del dominio de negocio o técnico y otro tipo de personas. Este es otro de los momentos cuando recomiendo el uso formal de UML y del español (o de algún otro idioma necesario) acorde al público, o sea, terminología del negocio para los usuarios, léxico técnico para los técnicos.

Impacto en la calidad: Medio.

Desenlace: Los casos de abuso o de cómo hacer un mal uso de los casos de uso

Este fue un estudio de hace unos 5 años. Los resultados los publiqué entonces en los foros internos de Intergrupo con el objeto de contar con una referencia de los errores que estábamos cometiendo no solamente nosotros, sino muchos de nuestros colegas en el medio. El estudio dio sus frutos, se formalizaron mecanismos o instrumentos como listas de verificación y actividades dentro de nuestro proceso de Ingeniería de Software conducentes a mejorar la calidad de los requisitos. Es por ello que decidí hacer público el estudio en este libro, para que otros se beneficiaran como lo hicimos nosotros entonces, sobre todo, si lo combinan con las pautas que doy en el capítulo 14 (siguiente) del libro.

Ahora bien, lo primero que se deriva de este análisis es que los casos de uso no son el único instrumento para especificar requisitos de software, algo que he llamado en otras instancias "el arquetipo de los envoltorios heterogéneos". Pero antes de ir a la conclusión de este estudio, revisemos los abusos que estamos cometiendo:

Resumen de los Casos de Abuso

1. El caso de uso se usa en todos los casos.
2. Lo que no está documentado en los casos de uso no hace parte del sistema.
3. El caso de uso es la única documentación necesaria para construir el software.
4. Lo que no está documentado en los casos de uso no hace parte del proyecto.
5. El caso de uso se identifica, elabora, diseña, implementa y prueba en la misma iteración.

6. El caso de uso contiene detalles de formularios (pantallas) y otros aspectos técnicos (bases de datos, componentes, etc.)
7. Un escenario y un caso de uso es lo mismo
8. La realización o diseño de un caso de uso siempre se hace
9. Precondiciones vs. Validaciones y Poscondiciones vs. Resultados
10. Todos los requisitos funcionales se documentan en casos de uso.
11. Los flujos de eventos en los casos de uso son escritos en pseudocódigo
12. Cada caso de uso se diseña e implementa de manera independiente.
13. Todos los casos de uso se identifican y especifican durante la fase de inicio del proyecto.
14. El caso de uso solo se presenta cuando está completamente terminado y aprobado.
15. El caso de uso tiene más de un actor "activo"
16. El Ingeniero de Requisitos es un psíquico

Hay muchos más: el problema es mucho más grave cuando no hay el entrenamiento y acompañamiento que todo Analista o Ingeniero novel necesita cuando emprende el viaje hacia lo que significa identificar, documentar, organizar y administrar requisitos de software.

Para No Cometer Más Abusos

En general, las personas creemos que el mejor proceso de aprendizaje es la lectura. Si bien es cierto que leer es fundamental, sobre todo en las etapas tempranas de la carrera de un buen profesional, pienso que la forma principal de aprendizaje es la introspección. Leer siempre ayuda, especialmente porque puede hacernos reflexionar sobre puntos que no habíamos analizado previamente, pero la mejoría como Analista de Requisitos en particular y como

Ingeniero de Software en general, más allá de un ingeniero primitivo que hace su trabajo con las prácticas regulares transmitidas por instructores académicos que muchas veces nunca han estado en un proyecto de construcción de software, empieza siempre por el análisis profundo de cada situación. Conocer nuestras debilidades y saber en cada situación por qué estamos haciendo lo que estamos haciendo, es lo que nos acabará convirtiendo en mejores profesionales. Y para eso, aprender de los propios errores es algo esencial, tratando de evitar automatismos que pueden repercutir negativamente en nuestra profesión.

En particular, recomiendo leer a Cockburn [11] de quien ya he repetido es uno de los mejores autores de temas relacionados con la materia que nos ocupa: la escritura de casos de uso. El libro tiene un capitulo completo sobre errores cometidos al momento de escribir casos de uso. Pero también encuentro de mucha utilidad volver a leer y a releer los casos de uso que hemos escrito anteriormente. Y leer los casos de uso de nuestros compañeros. Someter los nuestros al escrutinio de nuestros pares y de otros expertos en el área, recibir con respeto las observaciones que nos hacen y discutirlas abiertamente. Leer las guías y listas de chequeos existentes y seguir las indicaciones de las plantillas ayuda profusamente. Para noveles, recomiendo los capítulos 7 al 10 de este libro.

El artículo que motivó este estudio lo leí hace unos 13 años [14], lo encargo pródigamente. En [12] hay un compendio expedito sobre la cuestión, a manera de enumeración ejecutiva sobre lo malo y lo feo en las prácticas de casos de uso. De la misma forma, en [7] hay unas guías para cometer abusos, por supuesto, debemos usarlas a la inversa. Finalmente, en [15] y en [10] se identifican algunos patrones de abuso que siguen los equipos de desarrollo a la hora de crear casos de uso; no puede faltar en nuestra biblioteca digital de consulta. Por su parte, en [16] encontramos algunas sugerencias para aplicar durante el entrenamiento de estudiantes y profesionales en el área de Requisitos de Software, específicamente en modelado y especificación de casos de uso.

Y mi última recomendación: ¡Lanzarnos! Es decir, escribir casos de uso.

(Aclaración)

A propósito de todos estos trabajos relacionados que especifico en la sección anterior, cuando hacía la labor de investigación de fondo sobre este tema (paso 2 del método científico), me encontré inexorablemente en Google buscando por los términos *"abuse cases"* y *"misuse cases"* y Oh sorpresa mayor cuando me topé con [8] y [9] y el contexto es totalmente distinto al que deseaba: resulta que un caso de abuso (*"abuse case"*) es una especificación de un tipo de interacción completa entre un sistema y uno o más actores, donde los resultados de la interacción son dañinos para el sistema, para uno de los actores o para uno de los interesados en el sistema. Seguí este hilo y encontré todo un sumario que habla de modelos de casos de abuso para hacer análisis de requisitos de seguridad y de casos de uso con intención hostil (hacia los sistemas de software), no solo en cuanto a la seguridad de las aplicaciones se refiere sino a los demás requisitos "ilidad" (confiabilidad, *mantenibilidad*, *soportabilidad*, funcionalidad y otras "ilidades" conocidas).

Así es que me pareció pertinente contarles el cuento por si llegan al punto o por si llegan a necesitar el dato. No es más.

Conclusiones

Errores se cometen en cualquier actividad, incluso he llegado a creer que la propia Naturaleza se equivocó al seleccionarnos como especie dominante durante este período cuaternario de la era Cenozoica, pero ese es otro asunto. Sin embargo, de los errores se aprende y, al parecer, estamos preparados para aprender muy rápido de nuestros propios sofismas. Es por eso que quise traerles este vademécum que espero se convierta en material de consulta regular y que apoye al elemento sorpresa asociado al descubrimiento de que estamos equivocados, para que así podamos formarnos en el difícil oficio de la Ingeniería de Requisitos y afines.

Sin duda, la lista de faltas puede ser mayor, pero lo que hacemos no define quienes somos, lo que nos define es qué tan bien nos levantamos después de caernos; es decir, lo que hacemos después de cometer la infracción. Algunos de estos abusos son más graves que otros, no tanto para nosotros en el equipo técnico de los proyectos, sino para nuestros receptores principales: los usuarios.

Referencias

1. P.B. Kruchten, "The 4 + 1 View Model of Architecture," IEEE Software, pp. 42–50, Nov. 1995. http://ieeexplore.ieee.org/xpl/freeabs_all.jsp?tp=&arnumber=469759&isnumber=9910

2. Luis Antonio Salazar Caraballo, "RUP: Fase de Concepción", Gazafatonario IT, http://www.gazafatonarioit.com/2007/03/lecturas-fundamentales-8.html, 08 mar. 2007.

3. Luis Antonio Salazar Caraballo, "Realización de Casos de Uso: de los Objetos y sus Interacciones", Gazafatonario IT, http://www.gazafatonarioit.com/2007/10/lecturas-fundamentales-10-lectura_3046.html, 23 oct. 2006.

4. Luis Antonio Salazar Caraballo, "Casos de Uso: Del Todo y de Sus Partes", Gazafatonario IT, http://www.gazafatonarioit.com/2006/11/lecturas-fundamentales-3.html, 23 nov. 2006.

5. Así conocen al célebre trío de metodólogos que lideraron la creación de RUP y UML: Ivar Jacobson, James Rumbaugh y Grady Booch.

6. Luis Antonio Salazar Caraballo, "Casos de Uso: Origen, Especificación y Evolución", Gazafatonario IT,

http://www.gazafatonarioit.com/2006/11/lecturas-fundamentales-2.html, 17 nov. 2006.

7. http://ebgconsulting.com/Pubs/Articles/Abuse%20Case%20Guidelines.pdf

8. http://www.sreis.org/old/2001/papers/sreis012.pdf

9. http://easyweb.easynet.co.uk/~iany/consultancy/misuse_cases_hostile_intent/misuse_cases_hostile_intent.htm

10. http://www.ibm.com/developerworks/rational/library/content/RationalEdge/jul02/TopTenWaysJul02.pdf

11. Alistair Cockburn, "Writing Effective Use Cases", Addison-Wesley, 21 Feb. 2000

12. http://www.isr.uci.edu/events/Research-Forum-2004/presentations/ziv.pdf

13. http://www.gazafatonarioit.com

14. http://martinfowler.com/distributedComputing/abuse.pdf

15. http://download.boulder.ibm.com/ibmdl/pub/software/dw/rationaledge/jun02/MisuseUseCasesJun02.pdf

16. http://re.cti.depaul.edu/REET05/F4_BeusDeukic.pdf

14. Diez Consejos Útiles y Simples Para Escribir Efectivamente Casos de Uso Efectivos

"Todo debería hacerse lo más simple posible, pero no más simple."
Frase atribuida a Albert Einstein

Entia non sunt multiplicanda praeter necessitatem. El Postulado de *Occam* (también se escribe *Ockham*) nos dice que las soluciones nunca deben multiplicar los problemas sin necesidad y, aunque filosófico por naturaleza, bien podemos tomar prestado este principio y aplicarlo a la Ingeniería del Software, más específicamente, a la Ingeniería de Requisitos.

Acostumbrados a lidiar con y a entender cómo funcionan entidades sumamente complejas como un sistema de hardware o uno de software, tendemos a creer que las demás personas tienen la misma capacidad y no es así. En particular, los usuarios de un sistema informático esperan explicaciones simples e inmediatas de lo que hace o hará el sistema y también esperan no tener que lidiar con las complejidades intrínsecas a la solución ofrecida. No ofrecerles eso sería un contrasentido.

Hacerlo, además de remediar una necesidad de un individuo o de una organización entera, demuestra que hemos entendido a cabalidad la situación que nos presentan y que estamos en condiciones de ir un paso más allá, hacia el diseño y la construcción del software y no de uno cualquiera, sino de un sistema de gran calidad y precisión que satisfaga las solicitudes de los usuarios.

Además, después del capítulo 13 (anterior) donde hablo de los errores que cometemos con más frecuencia durante la especificación de requisitos de software con casos de uso, me parece justo traerles algunas sugerencias para mejorar nuestro trabajo. Fueron estas las premisas que motivaron el contenido de este capítulo, en el que también he tratado de poner de manifiesto el supuesto de *Occam*: no ha de presumirse la existencia de más cosas que las absolutamente necesarias.

Presentación

Un caso de uso es un protocolo, en el sentido de conversación, normalmente entre un ser humano y un sistema de software y, como cualquier conversación en idioma español, debe ser fluida, sin tropiezos, en la que se usen términos y expresiones familiares o entendibles por los participantes. Durante esa charla, el sistema "solicita de", "proporciona a", o "procesa[5] información para"; mientras tanto, la persona que actúa como interlocutor suministra a, o requiere de, información. Es así de simple.

Ahora bien, la especificación de un caso de uso es una historia que escenifica las distintas situaciones que se pueden presentar en el diálogo antes mencionado. Y como historia, debe contarse de manera directa, sin adornos (adjetivos) y con objetividad. El autor del caso de uso, normalmente un Ingeniero de Requisitos, debe mantenerse al margen de los hechos, no debe hacer comentarios o dar explicaciones (sus percepciones) al respecto, no debe involucrarse en la historia.

Con todo lo anterior en mente, les traigo estos diez consejos que espero sean muy útiles a la hora de especificar requisitos

---

[5] Estoy usando "procesar" en un sentido amplio, significando cualquiera de las funciones comunes que desempeña un computador, como calcular, buscar u ordenar datos, o una combinación de dos o más de estas.

de software vía casos de uso. Son lecciones que he aprendido con el tiempo y con la práctica y que me han funcionado bastante bien.

Consejo 1

Al escribir casos de uso se deben evitar términos como:

- Automáticamente
- Procesar
- Administrar
- Gestionar

Y sus sinónimos.

Automáticamente, relativo a automático, se refiere a una cualidad que todos los sistemas tienen de manera intrínseca, que está en la naturaleza del software, ya que este sigue a determinadas circunstancias de un modo inmediato y la mayoría de las veces indefectible, es decir, cualquier cosa que hace el software es iniciada por un impulso externo, incluyendo los llamados "procesos automáticos" cuyo inicio obedece muchas veces al cumplimiento de una condición de tiempo, o sea, se ejecutan a una hora específica programada por una persona, o a un prerrequisito, es decir, otra acción o proceso se llevó a cabo y preparó los insumos necesarios para la tarea siguiente. Siempre hay un estímulo que precede a la acción automática.

Entre tanto, Procesar es una expresión genérica, abstracta por demás, que indica cualquiera de las operaciones que puede hacer un sistema de software y siempre debe reemplazarse por el nombre de la operación particular a la que queremos referirnos. Por ejemplo, hacer un cálculo, realizar una búsqueda, clasificar datos y almacenar datos. Ahora bien, es posible que el sistema realice más de una de estas acciones al tiempo o haga una combinación de varias de ellas, pero este es un asunto que abordaré en el consejo número seis.

Por su parte, Administrar y Gestionar son sinónimos entre sí y, al igual que Procesar, son comodines en el sentido de que sirven para acomodar cualquier acción o manipulación sobre la información; siempre debemos nombrar explícitamente la acción, como Transferir o Enviar, Recibir, Validar una condición específica y Generar o Mostrar datos, o el tipo de manipulación, como Ingresar, Modificar, Eliminar y Consultar datos.

Ejemplo

Consideremos el siguiente caso de uso típico para ingresar a un sistema transaccional con seguridad simple:

Caso de Uso: Ingresar al sistema

Actor: Cliente

Secuencia Básica:

1. El caso de uso inicia cuando el Cliente decide autenticarse ante el sistema
2. El sistema solicita el nombre de usuario del Cliente
3. El Cliente ingresa el nombre de usuario
4. El sistema solicita la contraseña del Cliente
5. El Cliente ingresa su contraseña
6. El sistema procesa el nombre de usuario y la contraseña y presenta un mensaje de bienvenida
7. El caso de uso termina

En esta secuencia, el paso 6 debe modificarse por algo como:

6. El sistema verifica la información proporcionada y presenta un mensaje de bienvenida.

Nótese que este es el escenario "feliz" donde los datos ingresados por el usuario son correctos y el sistema permite su ingreso al sitio transaccional. Aquí "verifica" es sinónimo de "comprueba" o "identifica", un significado más directo que el derivado de "procesa" en el caso de uso original.

Consejo 2

Se deben evitar secuencias de pasos como:

n. El sistema hace…
n+1. El sistema hace…

O

m. El actor hace…
m+1. El actor hace…

Donde n y m son números de pasos de una secuencia cualquiera del caso de uso. Es decir, ni el sistema ni el actor ejecutan dos pasos seguidos en el caso de uso. La escritura de casos de uso debe (ría) obedecer al siguiente patrón de diálogo:

p. El sistema hace…
p+1. El actor hace…

Donde "hace" se debe reemplazar por la acción que uno y otro ente realizan. Normalmente, el sistema "solicita" el ingreso o selección de datos y el actor "proporciona" datos, ya sea ingresándolos (por medio del teclado, en cuyo caso "digita" los datos) o seleccionando uno o más datos disponibles de una lista suministrada por el sistema. Nunca se debe especificar el mecanismo programático (formularios, ventanas, cuadros de texto, listas combinadas, cuadros de chequeo, botones de comando, entre otros) utilizado para crear y mostrar la lista. Ejecutar.

Además, nuestros usuarios siempre esperan que los sorprendamos con algo novedoso y una forma mejor de hacer las cosas. En el futuro cercano, por ejemplo, esperarían no tener que lidiar con la clásica interfaz gráfica de hoy sino con hologramas u otra suerte de mecanismos de comunicación Humano-Máquina. Pero ese es otro asunto.

Volviendo al consejo práctico que nos ocupa, normalmente cuando ocurre que debemos especificar varias actividades seguidas de un actor o del sistema, nos encontramos ante una de estas situaciones: estamos haciendo descomposición funcional que, en principio, es innecesaria. Recordemos que lo esencial en un caso de uso es especificar lo que hace el sistema que es relevante para el negocio o para ese actor en particular. Por ejemplo, para un actor es significativo que el sistema busque y muestre los datos de una factura o le indique que no la encontró, pero no es importante si esa búsqueda ocurre mediante un método secuencial, uno binario, la técnica de Fibonacci o un algoritmo genético, o si usa el mismo método de google para encontrar páginas en Internet.

También puede ocurrir que estamos especificando una funcionalidad del sistema que es posible documentar mejor con otros mecanismos como diagramas de actividad o estado o, si es necesario documentación textual, con requisitos escritos a la usanza tradicional de: "el sistema debe hacer algo…". También se pueden usar escenarios, tableros de historias (*storyboards*), prototipos o simuladores, o una combinación de dos o más de estos artilugios.

Ejemplo

El siguiente caso de uso para reservar sillas en un viaje por avión nos ilustra muy bien esta sugerencia:

Caso de Uso: Reservar tiquetes

Actor: Cliente (Aerolínea)

Secuencia Básica:

1. El caso de uso inicia cuando el Cliente decide reservar tiquetes aéreos

2. El sistema solicita seleccionar la ciudad origen
3. El Cliente selecciona la ciudad origen
4. El sistema solicita seleccionar la ciudad destino
5. El Cliente selecciona la ciudad destino
6. El sistema solicita la fecha de ida
7. El cliente ingresa la fecha de ida
8. El Sistema solicita la fecha de regreso
9. El Cliente ingresa la fecha de regreso
10. El sistema solicita el número de pasajeros
11. El cliente ingresa el número de pasajeros
12. El sistema verifica que hay disponibilidad de vuelos entre las ciudades y fechas solicitadas
13. El sistema verifica que hay disponibilidad de asientos para el número de pasajeros establecidos
14. El sistema muestra el mensaje "Sí hay disponibilidad de vuelos entre las ciudades y fechas establecidas"
15. El sistema genera un número de reserva
16. El sistema almacena la información de la reserva
17. El caso de uso termina

Aquí caímos en la típica descomposición funcional que se debe evitar durante la etapa de requisitos. Los pasos 12 a 17 bien pueden reemplazarse por:

> 12. El sistema verifica que hay asientos disponibles y muestra el número de reserva.
>
> 13. El caso de uso termina

¿Y qué se hicieron las otras especificaciones? ¿Será que los programadores son capaces de inferirla? No. Estos otros detalles pueden documentarse como requisitos especiales en el caso de uso o como elementos de diseño (por ejemplo, estableciendo en un diagrama de secuencia cuáles son las entidades de almacenamiento de información o el algoritmo para generar el número de la reserva). Nótese que estos aspectos no son relevantes para el negocio.

Consejo 3

Puesto que es una buena (mejor) práctica encontrar primero los actores y a continuación los casos de uso, es recomendable también especificar el actor en la descripción de cada paso, en vez del término genérico "actor", como en:

q. El sistema solicita la fecha de creación de la cuenta

q+1. El **Analista de Crédito** ingresa la fecha de creación de la cuenta

Recordemos que los actores, humanos o no, son externos a y delimitan el sistema y, por tanto, su funcionalidad. Es a los actores a quienes les interesa el resultado de cada caso de uso, cualquier proceso del sistema, así sea un proceso automático, ocurre porque en algún instante a alguien o a algo consultará o le resultará de vital importancia el resultado de ese proceso. Ningún caso de uso lo sería si no hay un actor involucrado, directa o indirectamente.

Con ello en mente, y ya que vamos a adoptar la rutina de identificar a cada actor del sistema y luego a los casos de uso subyacentes, en estos nombraremos al actor cada que ejecute una acción y no usaremos términos como "usuario", "usuario final" o "actor".

Ejemplo

Consideremos un caso de uso simple para consultar el saldo disponible en una cuenta bancaria vía Internet:

Caso de uso: Consultar saldo

Actor: Cuenta-habiente

Precondiciones: el **cuenta-habiente** está debidamente autenticado ante el sistema virtual

Secuencia básica:

1. El caso de uso inicia cuando el **cuenta-habiente** quiere consultar el saldo disponible en su cuenta de ahorros
2. El sistema solicita seleccionar la cuenta
3. El **Cuenta-habiente** selecciona la cuenta de la cual consultar el saldo
4. El sistema consulta la cuenta y muestra el saldo disponible
5. El caso de uso termina

Poscondiciones: El **Cuenta-habiente** puede transferir dinero a otra cuenta. El **Cuenta-habiente** puede hacer pagos a terceros.

El correcto nombramiento de los actores también ayuda a entender mejor el sistema que vamos a construir. Un banco, por ejemplo, tiene muchos tipos de clientes, algunos de estos tienen abierta una o más cuentas bancarias tradicionales, son los Cuenta-habientes. Al menos en Colombia, una persona puede tener una tarjeta de crédito emitida por un banco o un crédito de consumo y no tener ningún otro producto con la entidad financiera, son otros tipos de clientes, por lo que usar el término genérico Cliente no ayuda mucho.

Nótese en el caso de uso la especificación de precondiciones y poscondiciones que, entre otras características, hacen más clara y corta la especificación y permiten a los involucrados conocer más detalles de la operación que se está describiendo.

Consejo 4

Al escribir el caso de uso deben evitarse sinónimos "técnicos" para Sistema como "programa", "módulo", "rutina", "función", "procedimiento", "procedimiento almacenado" y "subrutina". Como en:

n. El programa solicita la fecha de ingreso

n+1. El actor proporciona la fecha de ingreso

n+2. El módulo calcula el número de días laborados hasta la fecha

Algunos de estos términos son usados de manera indistinta donde debemos usar siempre "sistema", otros se usan en pasos específicos donde normalmente estamos suministrando información técnica que no es responsabilidad de los casos de uso, como cuando hablamos de procedimientos almacenados o de rutinas.

Simplemente usamos el término "sistema".

Ejemplo

Consideremos el siguiente caso de uso de la Web 2.0, relacionado con la publicación de entradas en un blog:

Caso de Uso: Publicar Artículo

Actor: Bloguero

Descripción: este caso de uso permite crear una entrada para su publicación en un blog específico de la Web.

Precondiciones:

1. El Bloguero está debidamente acreditado ante el Sistema

Secuencia Básica:

1. El caso de uso inicia cuando el Bloguero opta por publicar un nuevo artículo
2. El sistema solicita el título del artículo
3. El Bloguero ingresa el título del artículo
4. El sistema solicita el cuerpo del artículo
5. El Bloguero proporciona el cuerpo del artículo
6. El sistema solicita las palabras clave con las cuales indexar el artículo
7. El Bloguero ingresa las palabras clave del artículo

8. El sistema verifica que el título del artículo no existe y solicita confirmación para publicar la entrada
9. El Bloguero confirma la publicación del artículo
10. El sistema publica el artículo
11. El caso de uso termina

Secuencia Alterna 1: el título de la publicación ya existe

8A. El sistema muestra el mensaje "El título del artículo ya existe. Por favor, verifique."

8B. El caso de uso continúa en el paso 2 de la secuencia básica

Secuencia Alterna 2: el Bloguero cancela la publicación del artículo

9A. El Bloguero cancela la publicación de la entrada al Blog

9B. El caso de uso termina

Poscondiciones:

1. La entrada se puede modificar durante los siguientes 30 minutos.
2. El artículo puede ser leído por los lectores del blog.

Nótese que en todo momento sabemos qué hace el sistema y qué hace el actor.

Consejo 5

Cuando se trata de operaciones complejas (que en un caso de uso son realizadas **únicamente** por el sistema), se debe evitar la descripción de la operación. Simplemente se debe decir:

- El sistema calcula...

- El sistema busca...

- El sistema clasifica… o El sistema ordena…

- El sistema almacena…

La descripción del cálculo, de la búsqueda, de la clasificación u ordenamiento y del método y destino específico de almacenamiento se hace en los requisitos especiales del caso de uso o en un documento de especificación de requisitos funcionales y no funcionales y se referencian en el caso de uso que lo requiera. Como en:

- El sistema calcula el valor de la liquidación del empleado

- El sistema busca los créditos que cumplan con las condiciones establecidas

- El sistema clasifica los datos de los empleados por fecha de ingreso

- El sistema almacena los datos del crédito

Consejo 6

Cuando el sistema realiza más de una de estas funciones se especifica la de mayor relevancia para el usuario. Por ejemplo: si para hacer un cálculo específico, el sistema debe buscar uno o más datos, se especifica el cálculo. Si el sistema clasifica u ordena un conjunto de datos para buscar uno o varios de ellos, se especifica la búsqueda. Si el sistema calcula y luego almacena, se puede decir "el sistema calcula SUJETO DE CÁLCULO y almacena DATOS A ALMACENAR" como en:

> "El sistema calcula el interés corriente y almacena los datos del crédito."

La fórmula matemática para hacer el cálculo y la enumeración detallada de los datos a almacenar pueden ser objeto de uno o varios requisitos especiales del caso de uso o de requisitos generales del sistema escritos en forma declarativa. En cualquier caso, debe existir un mecanismo de trazabilidad entre esos requisitos y el caso de uso que incluya las acciones de cálculo y de almacenamiento del ejemplo.

Consejo 7

Las operaciones complejas de cálculo, búsqueda o clasificación de datos se describen mejor usando diagramas de actividad, de estados o de secuencia, según el caso.

Explicación

Recordemos que un caso de uso (del sistema) especifica lo que hace el sistema y es relevante para el negocio. Por ejemplo, al usuario le interesa que el sistema almacene la información, pero no es importante si el sistema usa un procedimiento almacenado, un servicio o cualquier otro mecanismo para realizar esa acción. De la misma forma, al usuario le interesa que el sistema le muestre un informe con ciertos criterios de clasificación y agrupamiento, pero no se preocupa por los aspectos puramente técnicos de cómo se realiza el ordenamiento o si se requiere almacenamiento temporal para hacer los agrupamientos de datos, entre otros.

Para conocer más sobre este asunto pueden visitar el caso de abuso 5 en este miso Gazafatonario IT.

Caso de Abuso 5: El caso de uso contiene detalles de formularios (pantallas) y otros aspectos técnicos (bases de datos, componentes, etc.)

http://www.gazafatonarioit.com/2012/09/casos-de-abuso-parte-5-el-caso-de-uso.html

También el caso de abuso 2:

El caso de uso es la única documentación necesaria para construir el software

http://www.gazafatonarioit.com/2012/09/casos-de-abuso-parte-2.html

Sobre el consejo 7 pueden leer mi Lectura Fundamental 10:

Realización de Casos de Uso: De los Objetos y sus Interacciones

http://www.gazafatonarioit.com/2007/10/lecturas-fundamentales-10-lectura_3046.html

Consejo 8

Cuando se trata de incluir casos de uso se escribe:

* El sistema ejecuta el caso de uso "AQUÍ VIENE EL NOMBRE DEL CASO DE USO INCLUIDO"

O simplemente,

* Se ejecuta el caso de uso "AQUÍ VIENE EL NOMBRE DEL CASO DE USO INCLUIDO"

En este último caso se entiende que el único que ejecuta casos de uso incluidos es el sistema. Como en:

n. El sistema ejecuta el caso de uso "Verificar Lista Clinton"
n+1. Se ejecuta el caso de uso "Hacer Análisis de Riesgo"

Consejo 9

La especificación de un caso de uso incluido se debe iniciar estableciendo los nombres de los casos de uso que incluyen este caso de uso, como en:

1. Este caso de uso se incluye en los casos de uso:

    a. Caso de uso base 1

    b. Caso de uso base 2

    c. ...

---

      d. Caso de uso base n

2. El sistema hace…

3. El actor hace…

…

n. El caso de uso termina

Donde n es el número del último paso del caso de uso incluido.

Consejo 10

No usemos expresiones del tipo: "el sistema verifica si se cumple tal condición" y más adelante: "si se cumple la condición, haga esto", y para terminar: "si no se cumple la condición, haga esto otro." Este es un patrón que viene de la programación de computadores, es más bien pseudocódigo y la primera de las acciones no cumple con una de las premisas importantes de un caso de uso y es que cada acción lleve la secuencia del caso de uso un paso más adelante que el anterior. Vemos claramente que "el sistema verifica si se cumple tal condición" no avanza en el proceso, en cambio, debemos esperar hasta la siguiente operación: "si se cumple…" para continuar la secuencia.

En cambio, escribamos el caso de uso en términos de escenarios:

n. El sistema verifica que tal condición se cumple y hace…
n+1. El actor hace…

En una secuencia alterna especificamos lo que ocurre cuando la condición no se cumple:

nA1. El sistema verifica que tal condición no se cumple y hace…
(n+1)A2. El actor hace…

Como en:

4. El sistema verifica que el Cliente tiene capacidad de endeudamiento y solicita el valor del crédito
5. El actor ingresa el valor del crédito

Y en la secuencia alterna:

4A1. El sistema verifica que el Cliente no tiene capacidad de endeudamiento y solicita la identificación del avalista
4A2. El actor ingresa la identificación del avalista

Ejemplo

Consideremos este fragmento de caso de uso para verificar los fondos de una cuenta bancaria con miras a hacer efectivo un cheque.

Caso de Uso: Verificar fondos cuenta

Actor: Cajero

Secuencia Básica:

1. El caso de uso inicia cuando el Cajero decide verificar los fondos disponibles para un cheque
2. El sistema solicita el tipo y número de cuenta
3. El Cajero ingresa el tipo y número de cuenta
4. El sistema verifica que el número de cuenta existe y que está Activa y solicita el número del cheque
5. El cajero ingresa el número del cheque
6. El sistema valida que el número del cheque está dentro del rango autorizado y que no está contraordenado, y solicita el valor del cheque
7. El cajero ingresa el valor del cheque
8. El sistema verifica que hay fondos suficientes para pagar el cheque
9. El caso de uso termina

Secuencia Alterna 1:

4A. El número de cuenta no existe

4A.1. El sistema verifica que el número de cuenta no existe y muestra el mensaje: "El número de cuenta dado no existe. Verifique."

4A.2. El caso de uso continúa en el paso 2 de la secuencia básica.

Secuencia Alterna 2:

6A. El número del cheque no está dentro del rango autorizado

6A.1. El sistema verifica que el número del cheque **no** está dentro del rango autorizado y muestra el mensaje "El número del cheque no está autorizado. Verifique."

6A.2. El caso de uso continúa en el paso 5 de la secuencia básica

Secuencia Alterna 3:

8A. No hay fondos suficientes para pagar el cheque

8A.1. El sistema verifica que la cuenta **no tiene fondos suficientes** para pagar el cheque y muestra el mensaje "Fondos insuficientes. Verifique."

8A.2. El caso de uso continúa en el paso 7 de la secuencia básica

La escritura limpia del caso de uso lo hace claro, preciso y consistente, entre otros atributos deseables en un caso de uso. Nótese que es posible que haya más secuencias alternas.

Para saber más de casos de uso pueden visitar la sección Lecturas Fundamentales de mi Gazafatonario IT. En particular, pueden leer la Lectura Fundamental 3: **Casos de Uso: Del Todo y de sus Partes**.

http://www.gazafatonarioit.com/2006/11/lecturas-fundamentales-3.html

Esta serie de consejos útiles para escribir casos de uso inicia en:

http://www.gazafatonarioit.com/2012/10/diez-consejos-utiles-y-simples-para.html

Consejo Adicional: ¿Cómo luce un caso de uso inefectivo?

"Los buenos consejos no son tomados en cuenta generalmente, pero eso no es motivo para no darlos."

Agatha Christie

Caso de Uso: Apertura de Productos y Servicios

Secuencia Básica:

1. Muestre una lista de productos y servicios de la siguiente forma:

- La ventana izquierda lista todas las categorías de productos y servicios de la compañía (Ahorro e Inversión, Crédito Hipotecario, Otros Créditos)
- La ventana inferior muestra los datos que se solicitan para el producto seleccionado
- La tercera ventana muestra todos los productos y servicios que tiene actualmente el cliente

2. Haga:
3. El usuario hace clic en una categoría de producto o servicio
4. Muestre los productos disponibles en esa categoría en orden alfabético
5. El usuario hace clic en un producto
6. Se actualiza la ventana inferior para solicitar los datos necesarios para la apertura del producto y el usuario hace clic en el botón "Solicitar Producto".

---

7. Chequee si el usuario cumple los requisitos necesarios para solicitar ese producto y que el producto esté disponible para su "tipo de persona" (Natural o Jurídica)
8. Si el producto está disponible y el usuario cumple los requisitos necesarios, adicione el producto al usuario. Muestre la lista actualizada de productos del usuario, con el nuevo producto en estado "Solicitado". Si no, muestre el mensaje "El cliente no cumple los requisitos necesarios. Seleccione otro producto."
9. Repita desde 3 hasta que el usuario haga clic en "Terminar Solicitud"
10. Almacene la solicitud y regrese a la pantalla principal.

¿Y cómo luce un caso de uso efectivo?

Caso de Uso: Solicitar Producto

Actor: Cliente

Secuencia Básica:

1. El Cliente solicita abrir un producto
2. El sistema muestra la lista de productos actuales del cliente y muestra una lista de productos disponibles
3. El Cliente selecciona el producto a solicitar
4. El sistema verifica que el Cliente cumple con los requisitos necesarios y adiciona el producto a la lista de productos del cliente, en estado "Solicitado".
5. El sistema almacena la solicitud

Veamos algunos aspectos importantes de estas dos versiones:

Versión Inefectiva	Versión Efectiva
El nombre del caso de uso no es apropiado	El nombre está escrito como una frase verbal simple (en el formato "hacer algo")
No tiene un actor definido	Tiene un actor principal, el Cliente.

El caso de uso se refiere a "el usuario" como actor del mismo. "Usuario" no es un concepto formal, es un humano, puede actuar como diferentes instancias de varios actores distintos.	El caso de uso se refiere a "el cliente" como actor del mismo. "Actor" es un concepto formal, puede ser un humano o un sistema, existe sólo si un usuario hace algo.
Está escrita en una especie de pseudocódigo y en lenguaje técnico.	Está escrita en prosa
Relaciona muchos aspectos de la interfaz de usuario. Orientado al Sistema.	Está escrito en términos del negocio (del usuario). Orientado al Negocio.
Aborda elementos que pueden ser disímiles en su tratamiento (productos y servicios, categorías de productos)	Aborda sólo productos. Incluso, los casos de uso deberían especificarse para un único producto a la vez.
Algunos pasos son complejos, difíciles de leer o muy largos. (Pasos 1 y 8).	Los pasos son claros, en el formato "el sistema hace…el actor hace"
La secuencia básica parece abarcar todos los escenarios posibles del caso de uso	La secuencia básica deja muchos escenarios para secuencias alternativas, como la solicitud de servicios o cuando el cliente no cumpla con las condiciones exigidas.
Parece haber sido especificado por completo en una sola pasada.	Le faltan detalles, pero estimula la creación iterativa de casos de uso.
Algunos pasos describen acciones consecutivas ejecutadas por el sistema y por el usuario a la vez.	Todos los pasos están escritos como expresiones verbales simples.

Conclusiones y Recomendaciones

El verdadero truco con los casos de uso es *mantenerlos simples*. No nos preocupemos acerca de las formas del caso de uso, solo procuremos garabatearlos en una hoja de papel en blanco o en una página en blanco de un procesador de palabras simple, o en unas tarjetas indexadas blancas. No nos preocupemos por cubrir todos los detalles de inmediato. Los detalles no son importantes hasta mucho después. No nos preocupemos por capturar *todos* los casos de uso desde el principio; esa es una tarea imposible.

La única cosa para recordar sobre casos de uso es: mañana van a cambiar. Sin importar que tan diligente seamos a la hora de capturarlos, sin importar que tan meticulosamente registremos los detalles, sin importar que tan sistemáticamente pensemos acerca de los casos de uso, sin importar el mucho esfuerzo que hagamos para explorar y analizar los requisitos, *mañana* los casos de uso cambiarán.

Después vendrán las herramientas sofisticadas de apoyo. Las herramientas aumentan nuestra productividad, nos ayudan a clasificar, a buscar, a estimar, pero no hacen el trabajo por nosotros.

Esta es una visión minimalista del proceso, algunos la llaman *ágil*. Simplemente es una manera de hacer las cosas, una manera efectiva en ciertos casos. Ese es el verdadero sentido de esto: para cada proyecto, para cada actividad, debemos buscar o construir el mejor camino para ir de principio a fin y entregar el mejor de los resultados, el único posible.

Apéndice A
IGML – Perfil de UML para Aplicaciones Web

Aunque a este perfil de UML le hace falta rigor científico, lo presento aquí como una muestra de lo que se puede hacer para extender el lenguaje como lo expuse en los Prolegómenos de este libro y para ilustrar que no se necesita, en principio, de elementos complejos o difíciles de entender para crear un nuevo lenguaje a partir de UML. El nuevo lenguaje sirve a los propósitos de modelado de una clase específica de aplicaciones como se verá durante la exposición del perfil y se puede usar como está.

IGML: Perfil de UML para Aplicaciones Web

Resumen—Se presenta IGML, un *perfil* de UML para el modelado de aplicaciones Web en una compañía multinacional proveedora de servicios de Ingeniería de Software. El *perfil*, un estándar para expresar la semántica de los sistemas, está compuesto de dos grandes grupos de estereotipos: el primero de ellos clasifica los requisitos funcionales del software en distintas categorías de casos de uso, lo que permite la búsqueda de patrones durante la identificación, captura y especificación de requisitos funcionales. El segundo grupo posibilita el modelado de aplicaciones para la plataforma .Net. El *perfil* busca solventar las fallas que exhiben los lenguajes de modelado Web actuales al momento de soportar la representación *a priori* de algunos aspectos de los sistemas Web que son dependientes de la plataforma. En este sentido IGML apunta a resolver el problema de desconexión entre los modelos del negocio y la arquitectura funcional del software de un lado y las arquitecturas técnicas de otro.

Palabras clave—Caso de uso (use case), estereotipo (*stereotype*), meta-modelo (*meta-model*), MOF, perfil de uml (*uml profile*), restricción (*Constraint*), semántica (*Semantics*), UML, valor etiquetado (*tagged value*).

I. INTRODUCCIÓN

Presentación

Se presenta IGML (*Internet Graphical Modeling Language*), un lenguaje basado en UML (*Unified Modeling Language*); más específicamente, un *perfil* de UML a manera de lenguaje gráfico para modelar aplicaciones Web en InterGrupo S.A. IGML (también llamado InterGrupo *Modeling Language*) es el lenguaje de modelado de aplicaciones de software estándar que la Unidad de Servicios de Ingeniería de Software incorporó a su proceso de construcción de software. IGML es un lenguaje visual para definir, representar, elaborar y desplegar todos los elementos constituyentes de un modelo de software, específicamente de aplicaciones Web sobre la plataforma .Net®, desde el modelado del negocio, pasando por la Ingeniería de Requisitos con casos de uso, el análisis y diseño, la implementación y la certificación de calidad de los productos elaborados.

Motivación

Los mecanismos comunes de extensibilidad (estereotipos, valores etiquetados y restricciones) pueden ser usados de manera independiente unos de otros y su aplicación puede variar de un proyecto a otro. Un perfil estandariza el uso y la aplicación de tales mecanismos.

Un perfil es, por definición, un subconjunto de la vasta notación de UML aplicado a un dominio particular, lo que constituye una ventaja para el equipo de construcción del software puesto que sólo debe lidiar con elementos específicos o subyacentes al problema que los ocupa.

Intergrupo es una compañía multinacional, multiservicio, pluricultural, que ejecuta docenas de proyectos en paralelo, algunos de ellos con equipos multidisciplinarios distribuidos en dos o más continentes y en consorcio con socios de negocios locales y extranjeros y, sin importar el idioma, la ubicación geográfica o el huso horario, un perfil proporciona un camino unificado para modelar sistemas de información.

IGML tiene dos grandes componentes semánticos: un conjunto de estereotipos para modelar requisitos con casos de uso y otro conjunto de estereotipos para modelar diversos elementos de una aplicación Web, específicamente sobre la plataforma .Net®. En cuanto a los primeros, IGML incluye una serie de patrones de casos de uso que licencian al Ingeniero de Requisitos para reflejar requisitos reales con mayor precisión, que sean más fáciles de convertir a sistemas de software y más simples de mantener. Estos estereotipos, a manera de patrones, resumen el conocimiento que hemos adquirido en Intergrupo durante la última década en los cientos de proyectos que hemos ejecutado y que nos ha permitido obtener mejores resultados, cada vez más rápido. Es en este apartado en el que haré mayor énfasis en esta presentación.

Beneficios de un Perfil UML para Aplicaciones Web en Intergrupo

La gran cantidad de elementos y significados de esos elementos en UML puede ser abrumadora para la mayoría de los diseñadores y programadores de software que ya han tenido o tienen que lidiar con un conjunto extenso de elementos de programación de la plataforma .Net, razón por la cual se crea un abismo riesgoso entre la especificación de los requisitos y la implementación del sistema durante el ciclo de vida de construcción de un producto de software.

En muchas ocasiones se desconocen los elementos constituyentes de una aplicación .Net antes del montaje de la aplicación en sí, asunto que hace tardío el inicio de la planeación de pruebas y de las revisiones de calidad establecidas en el proceso de fabricación de software de Intergrupo. El lenguaje IGML posibilita la precisa y detallada especificación de los elementos del modelo, al igual que la presentación del mismo a todos los interesados: equipo de construcción del software, cliente, usuarios finales, el área de PPQA (*Product and Process Quality Assurance*) de Intergrupo, revisores pares y expertos del dominio cuando hay lugar a ello. También facilita una mayor participación de todos los involucrados puesto que se usa como herramienta para configurar y conocer el proceso de producción del software y porque permite que cada uno de los integrantes del proyecto obtenga rápidamente el conocimiento de los demás participantes. En lo general, permite una adopción rápida del proceso de construcción de aplicaciones establecido en Intergrupo.

IGML mejora la productividad de los equipos de proyecto, a la vez que aumenta la confiabilidad y eficiencia de los modelos construidos y de los miembros del proyecto mismo. También permite la descripción ágil de las características fundamentales del producto y del proceso usado para construir y mantener el producto. El lenguaje también reduce el tiempo de aprendizaje de UML para los nuevos Ingenieros de la Unidad de Ingeniería de Intergrupo, compañía en constante crecimiento.

Las categorías de casos de uso expuestas en IGML soportan la construcción de modelos independientes de la plataforma, de hecho, Intergrupo fabrica software no solo para la plataforma .Net®, sino para plataformas JEE, iSeries, AIX, Oracle, entre otras, y son estos estereotipos los que han permitido incorporar técnicas adecuadas para documentar casos de uso más efectivamente.

Los casos de uso han sido usados en Intergrupo durante la última década lo suficiente como para constituir una disciplina madura de construcción de software y estos estereotipos habilitan a los Ingenieros de la empresa para llevar el modelado de casos de uso a un nivel superior que incluye establecer soluciones estándar a problemas frecuentes de modelado y fijar un vocabulario de patrones comunes. En este ámbito, IGML se presenta como una intervención, en el sentido de contribución significativa, al proceso de Ingeniería de Software de Intergrupo, repetible y definido, que ha alcanzado el nivel de madurez 3 de CMMi, lo que ha facultado a la organización para expandir el alcance y la visibilidad en el ciclo de vida de los proyectos y en las actividades de Ingeniería para asegurar que el producto y el servicio cubran las expectativas de sus clientes.

Trabajos Relacionados

Una buena introducción a los perfiles de UML se encuentra

en [9], mientras que un trabajo un tanto más profundo sobre los elementos que componen un perfil lo podemos hallar en [10].

Además de [7], un análisis bastante completo de los estereotipos dentro del metamodelo UML se encuentra en [8].

El tema del modelado de aplicaciones Web con perfiles de UML es abordado de manera explícita en [11] y [12], específicamente en el entorno de WebML, un completo proceso de diseño que permite expresar la estructura de una aplicación Web mediante una descripción de alto nivel que puede ser usada para consulta, evolución y mantenimiento de tales aplicaciones. WebML incluye también un lenguaje de especificación de alto nivel para diseñar aplicaciones Web que hacen uso intensivo de datos.

Un completo mapeo de elementos de UML con elementos de una aplicación .Net está descrito en [13]. Además, el plug-in de RUP para aplicaciones .Net presenta una guía que mapea elementos de una aplicación .Net con elementos de RUP en formato UML [15]. Algunos de esos elementos fueron tomados para crear este perfil.

Finalmente, algunos estereotipos usados para clasificar los casos de uso fueron tomados de [14].

II.   El Meta-Modelo

Metamodelo de las aplicaciones Web

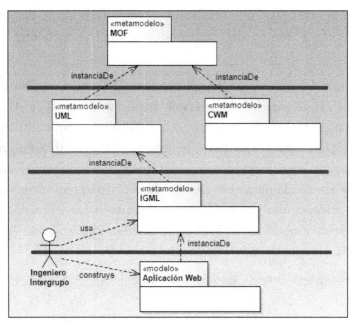

Fig. 1. La Arquitectura de Metamodelos de IGML.

IGML está basado en UML y como UML es un metamodelo, es decir, está en la capa 2 de la jerarquía de metamodelos. La figura 1 muestra un ejemplo de la arquitectura del metamodelo IGML de cuatro capas.

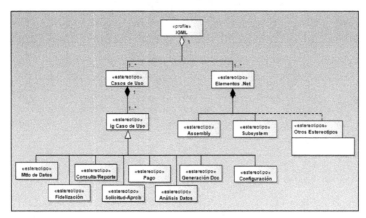

Fig. 2. Meta-modelo parcial del perfil IGML

IGML tiene dos grandes grupos de estereotipos: el primero de ellos facilita el modelado de casos de uso en las aplicaciones Web, mientras que el segundo está constituido por un conjunto de elementos que se mapean directamente a elementos de aplicaciones Web construidas con la plataforma Microsoft.Net.

Estereotipos

Estereotipo «ig Caso de Uso»
Extiende

Caso de Uso

Semántica

Un ig Caso de Uso es un caso de uso que no cabe en ninguna de las siguientes clasificaciones de casos de uso propuestas en este perfil. En términos generales, un caso de uso es la especificación de un conjunto de acciones ejecutadas por un sistema, las cuales entregan un resultado observable que es, típicamente, de valor para uno o más actores u otros stakeholders del sistema [17][20].

Propiedades

Nombre	Tipo	Descripción
Nombre	Alfanumérico	Nombre del caso de uso
Actor	Alfanumérico	Nombre del actor que ejecuta el caso de uso
Actor secundario	Alfanumérico	Nombre de otro posible actor que interactúa con el caso de uso
Versión	Numérico	Versión del caso de uso
Estado	Enumerado	Propuesto, Especificado, Aprobado, Entregado, Eliminado
Estabilidad	Enumerado	Baja, Alta. Se refiere a si el caso de uso está sujeto a grandes cambios durante el

		proyecto o no.
Complejidad	Enumerado	Fácil, Medio, Difícil
Talla	Enumerado	S, M, L, G. Tamaño del caso de uso de acuerdo a ciertas características del mismo.
Autor	Alfanumérico	Nombre del autor del caso de uso, normalmente un Ingeniero de Requisitos
Fecha de Creación	Fecha	Fecha de Creación del caso de uso
Fecha de última Modificación	Fecha	Fecha de última modificación del caso de uso
Alcance	Enumerado	Público, Protegido, Privado, Paquete
Abstracto	Lógico	Verdadero si el caso de uso es un caso de uso abstracto. El valor predeterminado es Falso.
Descripción	Texto	Breve descripción del caso de uso
Prioridad del Negocio	Numérico	Importancia o priorización del requisito desde el punto de vista de los stakeholders.
Interesado	Alfanumérico	Nombre de la persona o rol o cargo interesado en el caso de uso

Notación

Estereotipo «Mantenimiento de Datos»
Extiende

Caso de Uso

Estos son los casos de uso de Adicionar, Consultar, Actualizar y Borrar (CRUD) típicos. Escribir uno por entidad es repetitivo: normalmente es más fácil escribir tales casos de uso genéricamente de tal manera que puedan ser aplicados a entidades múltiples.

Propiedades

Nombre	Tipo	Descripción
Operación	Alfanumérico	Indica si la operación que ejecuta el caso de uso es Insertar, Actualizar, Eliminar o Consultar
MultiRegistro	Lógico	Verdadero si la operación se ejecuta sobre múltiples registros
Transaccional	Lógico	Verdadero si la operación está incluida en una transacción de base de datos

Notación

Estereotipo «Solicitud-Aprobación»
Extiende

Caso de Uso

Semántica

Estos son casos de uso para enviar solicitudes a través de una serie de estados de aprobación. Algunos estados de aprobación pueden ser omitidos o combinados, dependiendo de la naturaleza de la solicitud. Cada estado en la aprobación agrega algo de información acerca de la solicitud.

Propiedades

Nombre	Tipo	Descripción
Estados Solicitud	Enumerado	Conjunto de estados posibles en los que puede estar la solicitud. Por

---

		ejemplo, una lista de estados típica de una solicitud es: Recibida o Ingresada, En Estudio, Aprobada, Rechazada, Devuelta y En Espera.

Notación

Estereotipo «Análisis de Datos»
Extiende

Caso de Uso

Semántica

Estos casos de uso son para analizar transacciones sobre entidades que son manipuladas por otros casos de uso. Por ejemplo, alguien podría querer realizar estimaciones sobre las cotizaciones futuras de los valores cotizados con el propósito de definir estrategias operativas de compra y venta y encontrar los valores con mayor potencial alcista.

Propiedades

Nombre	Tipo	Descripción
Tipo de Análisis	Enumerado	De Navegación Horizontal y Vertical, de Tendencias (de tiempo, de producción, de desempeño, de efectividad, entre otras), de Excepción, de Mínimos-Máximos, de Filtración, de Pivoteo, entre otros.

Notación

Estereotipo «Pago»
Extiende

Caso de Uso

Estos casos de uso son para hacer pagos. La complejidad se presenta cuando hay múltiples métodos de pago, tales como efectivo, cheque y tarjeta de crédito. Algunos pagos pueden hacerse inmediatamente (como pagos con tarjeta de crédito), mientras que otros toman tiempo de procesar (cheques). Si el pago no es bueno, la compra puede anularse. Además, los pagos se pueden requerir para distintas actividades: reservar una habitación, subscribirse a programas de membresía, entre otros. La computación de la cantidad a pagar también involucra varias reglas del negocio, que podrían ser configurables.

Propiedades

Nombre	Tipo	Descripción
Forma de Pago	Enumerado	Las distintas formas de pago soportadas por el caso de uso: Efectivo, Tarjeta de Crédito, Tarjeta Débito, Cheques, Bonos.

Notación

Estereotipo «Fidelización»
Extiende

Caso de Uso

Semántica

Estos casos de uso le permiten a los clientes acumular créditos (puntos) cuando usan un servicio (compran un producto), y estos créditos pueden usarse como método de pago o como recompensa por premios corporativos. Normalmente, La acumulación de créditos es una extensión de algunos otros casos de uso, mientras que la redención de los créditos es un caso de uso en sí mismo.

Propiedades

Nombre	Tipo	Descripción
Tipo de Programa	Enumerado	Se refiere el tipo de programa de fidelización o lealtad al que hace referencia el caso de uso: Apreciación, Recompensa, Socios de Negocios, Reembolso, Afinidad.

Notación

Estereotipo «Consulta/Reporte»
Extiende

Caso de Uso

Semántica

La diferencia esencial entre una Consulta y un Reporte es que la primera no es imprimible y el segundo sí.

Propiedades

Nombre	Tipo	Descripción
Tipo de C/R	Enumerado	Consulta, Reporte o Ambos.
Nivel de C/R	Enumerado	Resumido o Detallado

Notación

Estereotipo «Configuración»
Extiende

Caso de Uso

Semántica

Un caso de uso de configuración es el medio por el cual se define, en términos significativos para el sistema y para el actor, uno o más aspectos de clasificación o arreglo del sistema, para la correcta puesta en marcha y mantenimiento del mismo desde el punto de vista funcional. También se definen en esta categoría funcionalidades para la definición o modificación de parámetros del sistema, para lograr que sea un software adaptable a distintas necesidades.

Propiedades

Nombre	Tipo	Descripción
Nivel Configurador	Enumerado	Nivel del caso de uso de configuración desde el punto de vista del usuario: Usuario Administrativo, Usuario Interno, Usuario Externo

Notación

Estereotipo «Generación de Documento»
Extiende

Caso de Uso

Semántica

Es un caso de uso que especifica la generación manual o automática de un documento. El documento puede estar en uno de muchos formatos disponibles.

Propiedades

Nombre	Tipo	Descripción
Formato Documento	Enumerado	DOC, XLS, PDF, JPG, TIFF, TXT, XPS

Notación

Estereotipo «Assembly»
Extiende

Paquete

Semántica

El Estereotipo de este elemento también puede ser *«application»*, *«document»*, *«executable»* o *«exe»*, *«file»*, *«library»* o *«dll»*, o *«page»*. Los *assemblies* son una parte fundamental de la programación con el framework .NET. Un assembly es una "DLL lógica", es decir, una colección de elementos que contienen la funcionalidad de una aplicación [16]. Además, un assembly es tratado como una unidad simple por el *common language runtime* (CLR). Un *assembly* puede ser designado como privado o público. La diferencia es que un *assembly* privado es utilizado por una aplicación independiente y un *assembly* público es utilizado por múltiples aplicaciones.

Propiedades

Algunas propiedades del Assembly son:

Nombre	Tipo	Descripción
Alcance	Enumerado	Privado o Público (Compartido)
Cultura	Alfanumérico	La cultura que soporta el assembly
Titulo	Alfanumérico	Define el título personalizado del assembly para el Manifiesto del assembly.
Versión	Alfanumérico	Versión en el formato del assembly (Versión Mayor, Versión Menor, Número de Compilación, y Revisión).

Notación

Ejemplo del Uso de los Estereotipos de Casos de Uso

La figura 2 muestra un diagrama típico de casos de uso que están clasificados con los estereotipos definidos en IGML.

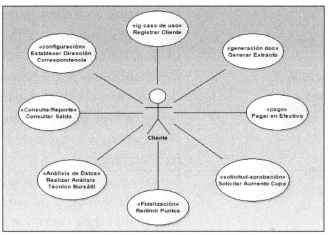

Fig. 3. Ejemplo de Uso del profile IGML

Otros estereotipos del profile son:

Estereotipo	Extiende	Semántica
«Subsystem»	Paquete	Un subsistema de una aplicación Web. Un subsistema se define como una agrupación lógica de módulos de funcionalidad relacionada. Un ejemplo común es el subsistema de procesamiento de solicitudes de una aplicación financiera.
«Enterprise Server»	Paquete	Cualquiera de los Servidores Corporativos que se pueden integrar a una aplicación, como Biztalk, SQL Server, Exchange, SharePoint.
«Namespace»	Paquete	Un esquema lógico para agrupar tipos relacionados. En el framework de .NET, un namespace es una convención lógica de nombramiento en tiempo de diseño, mientras que el assembly establece el alcance de los nombres para los tipos en tiempo de ejecución.

«Ajax Web Form»	Clase	Una página Web que soporta javaScript asincrónico y XML que ofrecen mejor respuesta intercambiando pequeñas cantidades de datos con el servidor, para que así la página Web entera no tenga que ser recargada cada vez que el usuario hace un cambio.
«ASPNET Server Control»	Clase	Un componente servidor que encapsula la interfaz de usuario y su funcionalidad asociada. Un ASP.NET server control se deriva directa o indirectamente de la clase System.Web.UI.Control. El súper conjunto de controles de servidor de ASP.NET incluye controles de servidor Web, controles HTML de servidor y controles mobile.
«Browser File»	Clase	Contiene definiciones para navegadores Web individuales. En ejecución, ASP.NET usa la información en la cabecera del request para determinar qué tipo de navegador ha hecho la solicitud. Entonces, ASP.NET usa el browser file para determinar las capacidades del navegador y cómo devolverle contenido.
«CSharp Class»	Clase	Una clase implementada en lenguaje C#. Contiene propiedades privadas u ocultas y métodos privados y públicos. Puede ser una clase amiga.
«Dataset»	Compone nte	Una estructura de datos en memoria que contiene datos recuperados de una fuente de datos. Un Dataset tiene

		porciones de funcionalidad de una base de datos, como integridad referencial.
«Generic Handler»	Clase	Este es otro tipo de objeto que puede procesar solicitudes HTTP, aunque fuera del alcance de una página (que procesa contenido basado en HTML clásico). Un GH es un handler que es soportado en proyectos VS 2005/2008.
«Global Application Class»	Clase	Un archivo (Global.asax) donde es posible definir variables globales accesibles para todos los usuarios de una aplicación.
«HTML Page»	Clase	Una página HTML típica con contenido relevante en el contexto de una aplicación Web. Puede contener imágenes y texto.
«JScript File»	Clase	Un archivo con funcionalidad para hacer validaciones y otros procesos simples durante el ingreso de datos en una página Web.
«Master Page»	Clase	Define el modelo o prototipo para un conjunto de páginas. Contiene texto estático y controles que deberían aparecer en todas las páginas. Estas páginas se mezclan en tiempo de ejecución con páginas de contenido específico.
«Site Map»	Componente	Un esquema gráfico del sitio o aplicación Web. Contiene los vínculos entre páginas y otros elementos de la aplicación.
«SQL Server DataBase»	Nodo	Representa una base de datos SQL Server que almacena los datos de una

		o más aplicaciones (Web o no). La base de datos puede ser de las versiones 2000, 2005, 2008.
«Style Sheet»	Clase	Un archivo que describe la forma en que los documentos (HTML) son mostrados en pantalla o en papel.
«Web Configuration File»	Clase	Un archivo XML con la extensión .config que contiene opciones de configuración para un sitio Web. Un archivo típico de configuración es Web.config.
«Web Content Form»	Clase	Una página Web que es configurada para ser combinada con una Master Page para crear una página completa.
«Web Form»	Clase	Un formulario Web típico que constituye parte de la interfaz de usuario de una aplicación Web. Compuesto de otros controles Web.
«Web Service»	Componente	Un componente que proporciona la habilidad de intercambiar mensajes en un ambiente bajamente acoplado usando protocolos estándar como HTTP, XSD, SOAP y WSDL.
«Web User Control»	Clase	Un elemento de una página Web, como un cuadro de texto, una lista, un cuadro combinado o una etiqueta, entre otros.
«XML File»	Clase	Un archivo multipropósito que almacena información en XML. Se puede usar para intercambio de datos o para configuración.
«XML Schema»	Clase	Un archivo que contiene dos partes: un conjunto de tipos predefinidos (por ejemplo: Alfanumérico, dateTime, decimal) y un languaje

		XML para definir nuevos tipos (por ejemplo ComplexType, minOccurs, element).
«XSLT File»	Clase	Un archivo que contiene la especificación de una transformación de documentos XML a documentos en otros formatos. La especificación se hace en el lenguaje XSLT (XML Stylesheet Transformations).

III. Conclusiones y trabajo futuro

El trabajo descrito aquí hace una contribución al campo del modelado de requisitos funcionales, elevando la clasificación de tipos de casos de uso a patrones o plantillas de requisitos, lo que posibilita una mayor reusabilidad de los casos de uso. El profile IGML también soporta la estandarización del modelado de aplicaciones Web en una compañía que tiene sedes y socios de negocios en varias ciudades dispersas en varios continentes y donde la uniformidad para expresar la semántica de los sistemas se convirtió en un imperativo. Esta normalización en el diseño de modelos de software mejora significativamente la comunicación entre los distintos equipos de construcción de sistemas de información, al igual que la productividad de los participantes de cada proyecto. Aunque los requisitos son independientes de la plataforma, los dos grandes grupos de estereotipos del profile son el complemento adecuado para el proceso productivo de la fábrica de software.

Este trabajo continuará con la implementación de IGML en las distintas herramientas de modelado usadas hoy en Intergrupo para asistir el proceso de fabricación de software. También se adicionarán estereotipos o se construirán nuevos profiles específicos a otros dominios o plataformas que son objeto fundamental de la Unidad de Servicios de Ingeniería.

Entre estos profiles, tenemos:

1) El profile para un Enterprise Template Project.
2) El profile para un Setup & Deployment Project.
3) El profile para SOA con .Net.

Referencias

[1] Object Management Group. OMG Unified Modeling Language Specification. http://www.omg.org/uml. OMG. 2001.

[2] Object Management Group, "OMG Unified Modeling Language (OMG UML), Infrastructure, V2.1.2", http://www.omg.org/technology/documents/modeling _spec_catalog.htm#UML, 4 nov. 2004. Pp. 187.

[3] Object Management Group, http://www.omg.org/technology/documents/profile_ca talog.htm.

[4] Object Management Group, "Meta Object Facility (MOF) 2.0 Core Specification V2.0", http://www.omg.org/mof/, 15 oct. 2004. Pp. 39.

[5] Object Management Group, www.omg.org/cwm/.

[6] Object Management Group, "Meta Object Facility (MOF) 2.0 Core Specification V2.0", http://www.omg.org/mof/, 15 oct. 2004. Pp. 13.

[7] Object Management Group, "OMG Unified Modeling Language (OMG UML), Infrastructure, V2.1.2", http://www.omg.org/technology/documents/modeling _spec_catalog.htm#UML, 4 nov. 2004. Pp. 197.

[8] M. Gogolla, B. Henderson-Sellers: "Formal Analysis of UML Stereotypes within the UML Metamodel", Proceedings of «UML» 2002, 5th Int. Conf. Unified Modeling Language (S. Cook; H. Hussmann; J.M.

Jezequel, eds.), Lecture Notes in Computer Science, Springer-Verlag, 2002.

[9] L. Fuentes, A. Vallecillo. "Una Introducción a los Perfiles UML." Novática, 168: 6-11, 2004.

[10]K. Palmkvist, B. Selic, J. Warmer. "Object Modeling with UML: Advanced Modeling", OMG. http://www.omg.org, Mar. 2000.

[11]   A. Schauerhuber, M. Wimmer, E. Kapsammer. "Bridging existing Web modeling languages to model-driven engineering: a metamodel for WebML", Workshop proceedings of the sixth international conference on Web engineering, July 10-14, 2006, Palo Alto, California.

[12]N. Moreno , P. Fraternalli , A. Vallecillo, "A UML 2.0 profile for WebML modeling", Workshop proceedings of the sixth international conference on Web engineering, July 10-14, 2006, Palo Alto, California.

[13]J. E. Hansen, C. Thomsen. "Enterprise Development with Visual Studio .NET, UML, and MSF". Apress. 2004.

[14]Pan-Wei Ng. "Adopting use cases, Part 1: Understanding types of use cases and artifacts". The Rational Edge, http://www.ibm.com/developerworks/rational/library/1809.html, May 15, 2003.

[15]IBM, AIS Applied Information Sciences. "IBM Rational Unified Process Plug-In for Microsoft.Net". http://www.ibm.com/developerworks/rational/downloads/07/rmc_v7.2/#5.

[16]IBM. The Plug-In for IBM Rational Unified Process. "Concept: .NET Platform Overview". 2006.

[17]Object Management Group, "OMG Unified Modeling Language (OMG UML), Superstructure, V2.1.2",

http://www.omg.org/technology/documents/modeling
_spec_catalog.htm#UML, 2 nov. 2007. Pp. 610.

Luis Antonio Salazar Caraballo

IBM Certified Specialist for Rational Unified Process e *IBM Certified Specialist for Rational Requirements Management with Use Cases. Scrum Master Accredited Certification.* Miembro del comité Ejecutivo de SEMAT *(Software Engineering Method and Theory)* Capítulo Latinoamérica. Miembro de IEEE.

Luis Salazar es actualmente Consultor en Ingeniería de software de **Intergrupo**, la compañía multinacional líder en servicios de Tecnología de la Información y desarrollo de software a la medida con sede principal en Medellín. Con casi 25 años de experiencia en el área (los últimos 13 en Intergrupo), Luis ha sido programador de Software, Analista de Sistemas, Diseñador de bases de datos relacionales, Arquitecto de Soluciones de TI, Gerente de Proyectos y recientemente Consultor en las áreas ya establecidas. A lo largo de ese tiempo, el señor Salazar también ha impartido numerosos cursos especializados en las áreas de su interés en distintas ciudades del país y del extranjero, lo mismo que conferencias y ponencias en Seminarios y Congresos de Tecnologías Informáticas.

Luis ha escrito una serie de artículos tanto técnicos como literarios y afines y ha participado en talleres y foros de literatura. Su libro de poemas **Ansiedad de un Náufrago** fue publicado en enero de 2009 y el primer volumen de los Asuntos de la Ingeniería de Software fue publicado en enero de 2010 y la segunda edición en febrero de 2013. Ambos se pueden encontrar en Amazon. Luis es autor de las **Lecturas Fundamentales,** las mismas que dieron origen a este libro y que se pueden encontrar en http://www.gazafatonarioit.com.

A Luis los pueden contactar en:
LinkedIn: http://www.linkedin.com/in/luchosalazar
Google+: lucho.salazar@gmail.com

Twitter: @luchosalazarc